БОЛЬШОЙ
БОГ

Когда Бог становится больше,
чем твоя реальность

Андрей Шаповал

Большой Бог: Когда Бог становится больше, чем твоя реальность

Авторские права © 2020 Андрей Шаповал

Ответственный редактор: Любовь Касьянова

Вычитка и корректура: Татьяна Смирнова, Диана Журавлева

Дизайн обложки и оформление: Алексей Казначеев, Владислав Выхопен, Макс Банманн

Все цитаты из Писания взяты из Синодального перевода Библии.

ISBN: 978-1-0878-8785-2

СОДЕРЖАНИЕ

ПРЕДИСЛОВИЕ

Дорогой друг,

эту книгу я пишу для тебя лично, чтобы ты смог увидеть Бога намного больше, чем ты видел Его раньше. Ведь Бог на самом деле очень БОЛЬШОЙ И ВЕЛИКИЙ!!! Он не имеет ни начала, ни конца, великий "Я ЕСМЬ": всегда был, есть и будет. Его невозможно определить ни высотой, ни глубиной, ни какой другой человеческой мерой, в Нем размеры вечности. Небеса – это Его престол, а земля – подножие ног Его. Если Бог сотворил небеса и землю – значит Он превыше всего, сотворенного Им. При этом Он хочет открывать Себя человеку и приносить Свою славу на землю.

Его реальность на земле не померкла. Сегодня деяния не закончились, они продолжаются! Бог ищет человека: *кто пойдет для Нас?* Кто станет ответом для этого поколения? Кто не побоится взойти на гору Господню? Однажды Бог хотел приблизить к Себе Своих детей, народ израильский, но **они** не захотели – три дня освящались, но когда увидели, как гора Синай горит огнем, гром и молнии, и землетрясения, пришел сильный страх от реальности Бога. Даже сам Моисей сказал: *"Я в страхе и трепете"*. А народ же сказал: *"Нет, Моисей, мы не пойдем, ты иди туда сам"*. *Почему?* Это не религия, не шоу, не поход в церковь. Слава Божья – это реальность Бога, в которой происходят чудеса и небо открывается на земле.

Задумайся о том, где ты находишься в данный момент: в твоих руках эта книга, ты на определенной улице, улица в твоем городе, город в стране, страна на определенном континенте, континент на планете Земля, Земля находится в Солнечной системе, Солнечная система в галактике Млечный Путь, наша галактика одна из множества в бесконечном пространстве Вселенной, а вся Вселенная находится в руках Бога! Да, именно так: вся Вселенная находится в руках Бога!!! А Сам Бог прямо сейчас Духом Своим находится внутри тебя!!! И чем больше ты познаешь Бога, тем больше погружаешься в Его мир — в мир вечности, где действуют Его законы.

Готов ли ты жить Богом и видеть Отца творящим? Готов ли продолжить писать своей жизнью то, что Он хочет делать на земле, возвещая роду грядущему славу Господа, силу Его и чудеса, которые Он сотворит?

Я молюсь, чтобы в каждой главе Дух Святой открывал тебе Отца в тех гранях, в которых ты не встречался с Ним раньше, *чтобы* ты мог постигнуть со всеми святыми, что широта и долгота, глубина и высота, чтобы ты погрузился в Него, был захвачен Его величием и, если можно так сказать, провалился в Его славу и могущество и остался там навсегда — это вечное пространство, для которого ты был рожден. Ты пришел от Него, ты Им живешь и к Нему возвратишься.

А Тому, Кто действующею в нас силою может сделать несравненно больше всего, чего мы просим, или помышляем, Тому слава в Церкви во Христе Иисусе во все роды, от века до века. Аминь!

ГЛАВА 1
БОГ НА ДОРОГЕ

О, бездна богатства и премудрости, и ведения Божия! Как непостижимы судьбы Его и неисследимы пути Его! Всю вечность мы будем познавать Господа. Великий, Всевышний, Всемогущий, Альфа и Омега, Господь Воинств, Воздаятель, Целитель, Освободитель… Каждое из имен Бога открывает нам Его природу и сущность. В каждом Его имени многообразие Его силы. В этой книге через все откровения и истории, которые произошли в моей жизни, я хочу открыть великое имя Бога – ЧУДНЫЙ!

Да, возможно это странно звучит, но именно на дороге я стал познавать Бога чудного. С самого начала моего пути в Боге Он стал открываться мне ОЧЕНЬ великим. Дело в том, что в прошлом из-за моего греховного образа жизни я имел огромные проблемы с полицией. Меня лишили водительских прав на семь лет, а так как в Америке без машины невозможно, я все равно продолжал ездить. Полиция несколько раз останавливала меня без прав, даже конфисковала мою машину, но я все равно продолжал ездить и вести тот же образ жизни, падая глубже в долги и разочарование. В вопросах документов и полиции у меня всегда было напряженно, запутано и сложно. Такое ощущение, что через это дьявол пытался всячески разрушить мою жизнь. Я выплатил столько штрафов, что на эти средства можно было бы дом построить. И так было до моего покаяния.

Когда мы с Наташей поженились, я почувствовал ответственность за семью и понимал, что мне нужна постоянная работа. Моим огромным желанием было продолжать искать Бога, я хотел проводить с Ним как можно больше времени. Поэтому я стал просить Его о такой работе, на которой я мог бы много молиться.

Один из моих друзей рассказал, что недавно начал работу водителя-курьера: он загружал партию медикаментов и развозил их по аптекам. Хотя он работал на компанию, но в то же самое время был сам себе хозяином. Услышав о такой должности, я подумал: *"Если бы мне устроиться на такую же работу, я мог бы все свои рабочие часы проводить с Богом и молиться"*. Только водительского удостоверения у меня все еще не было и это было проблемой. Да и кто меня возьмет работать водителем с таким багажом правонарушений? Мне за рулем нельзя было ездить вообще! Если бы меня хоть один раз поймали за рулем, меня сразу посадили бы в тюрьму. Сразу! Вот насколько все было сложно и плохо в этой сфере.

Бог видел, что мне нужна работа, Он видел мое сердце и искреннее желание быть с Ним. Я помню, как в ту ночь я встал молиться и сказал: *"Господь, я верю, что Ты можешь дать мне эту работу, а я обещаю, что все часы в машине буду посвящать молитве и поклонению Тебе. Я полностью доверяюсь в руки Твои".*

Следующим утром я рискнул: внес свои данные и подал заявление на должность водителя-курьера. Прошло буквально несколько дней, и мне лично позвонил хозяин компании и сказал: *"Андрей, мы принимаем тебя на работу. Завтра в 6 часов утра ты начинаешь делать поставки".* Я был впечатлен и реально увидел в этом руку Бога. Однако был еще один нюанс: для работы нужна была машина, а у меня ее не было. Представьте, в тот же день мой знакомый из церкви предлагает мне микроавтобус и говорит: *"Бери в рассрочку, расплатишься потом".* Вот и все, на следующий день в 6 часов утра я приступил к работе!

Я доверял Богу в простоте сердца, зная, что эта работа стала ответом на мою молитву: во-первых, у меня будет стабильный заработок, и во-вторых, я смогу посвящать Богу все свои рабочие часы. И только спустя время я понял, как Господь через эту работу начал открывать мне Свое величие и пришел именно в ту сферу моей жизни, где у меня было самое большое проклятие. Иисус пришел, чтобы остановить дьявола и явить Свое господство в моей судьбе.

Итак, я начал проводить за рулем по 7-8 часов в день, все это время я поклонялся и молился духом. Молитва духом — это язык, известный только небесам, это самая эффективная молитва, это ходатайство за святых по воле Отца. Каждое утро я выезжал из дома, начиная день со своей любимой песни: *"Тогда поет мой дух, Господь, Тебе, как Ты велик! Как Ты велик!"* Я молился и поклонялся постоянно, рот у меня не закрывался. Скажу честно, поначалу было непросто, у меня даже челюсть болела, но со временем я втянулся и это вошло в привычку. Я восхищался Богом настолько, что на каждой разгрузке только о Нем и говорил. Помню, как одна девушка в горечах воскликнула: *"Да что ты все время мне о Боге рассказываешь?! Ты что, влюбился в Него?"* Я ответил: *"Ты не понимаешь, это больше чем влюбился. Он для меня – все! Я Им дышу"*. Бывало, я подбирал бомжей, проповедовал им, молился, изгонял из них бесов, они у меня все каялись, а потом я покупал им бутерброд и отпускал с миром. Так начиналась моя практика служения. В машине. На дороге.

Буквально через несколько недель со мной произошла странная ситуация. Колеся по городу по рабочим делам, я настолько увлекся молитвой, что не заметил дорожный знак "СТОП" и проехал, не остановившись. Я не оправдываюсь, в этом была полностью моя вина. Как ни странно, но там оказался полицейский. Он сразу включил сирену и остановил меня. Я понимал, чем мне все это грозит: прав нет, страховки нет (для страховки нужны права), регистрация на другого человека – в общем, полный набор. К тому же на моем счету целая череда проблем с полицией. В Америке с полицией все очень строго, здесь не откупишься. Внутри меня сразу все потухло: *"Ну вот и все, Андрей, твоя песенка спета, вляпался так вляпался"*. Я прекрасно понимал, что теперь мой автобус заберут, работу я потеряю и мне грозит тюрьма...

Обычно полицейские сразу требуют предъявить права и регистрацию. Но когда офицер подошел ко мне, он, вместо стандартных фраз, задал вопрос: *"У тебя права есть?"* Во мне все напряглось, и я начал отрицательно мотать головой "нет", а произнес твердое "да". Офицер удивился и спросил опять: *"У тебя есть водительские права?!"* В испуге я снова мотал головой "нет", а сказал: "Да, конечно есть". Это привело его в замешательство, он ответил: *"Предъяви, пожалуйста"*. Я протянул ему свое удостоверение личности, а у самого дрожали руки. Он ушел в свою машину, а минут через 15 снова подошел ко мне и сказал: *"Выходи из машины. Ты меня обманул, у тебя нет прав, ты не имеешь права быть за рулем"*. Он сразу надел на меня наручники и отвел в полицейскую машину. Затем он вызвал эвакуатор для моего микроавтобуса, и мы поехали в полицейский участок.

Как же мне было стыдно: я пережил встречу с Иисусом, старался молиться, искать Бога, а теперь – в наручниках на заднем сиденье полицейской машины ехал в тюрьму... Богоискатель! Вдруг в этой атмосфере я услышал голос Духа Святого: *"Если бы ты сказал правду, у Меня было бы основание совершить чудо"*. Мне стало еще хуже. Такой простой экзамен, и я не смог его сдать. Поэтому я наклонился вперед и решил хотя бы попросить прощения: *"Сэр, я вас обманул..."* Полицейский повернулся и сказал: *"Да, я знаю"*. А я продолжил: *"Я хочу извиниться. Простите меня, что сказал вам неправду"*.

Он ничего не ответил, но я заметил, как на его лице появилась улыбка, а потом он повернулся ко мне и сказал: *"Молодой человек, я хочу, чтобы ты знал: если бы ты сказал мне правду, то я бы отпустил тебя!"*

Что??? Меня как водой окатили – он ведь повторил мне слово в слово то, что Бог проговорил несколько минут назад.

Я хочу, чтобы вы знали: Бог не будет творить чудеса на основании лжи. У лжи другой отец и другой источник. Если вы хотите видеть Божьи чудеса в своей жизни – говорите правду, какой бы горькой она ни была. Мне стало очень тяжко на душе. Какое-то время мы все еще ехали молча, потом полицейский сказал: *"Знаешь, мы все совершаем ошибки. Но ты нормальный парень, ты мне нравишься, поэтому я тебе помогу"*. Я вздохнул, у меня появилась хоть какая-то искорка надежды.

В полицейском участке этот человек стал за меня ходатайствовать и заполнять все бумаги. У него было какое-то сверхъестественное отношение ко мне: я видел, что он прямо старался мне помочь. Представьте, вдобавок ко всему, я попросил у него телефон, чтобы сообщить о себе на работу. Я перезвонил друзьям, они не только забрали со штрафной стоянки мой автобус, но и закончили за меня все доставки в тот день. Только представьте, другими словами, я дал полицейскому знать, что завтра опять выйду на ту же работу и без прав буду развозить продукцию на том же автобусе. Такое впечатление, что полицейский этого даже не слышал. Он так обо мне позаботился, что вскоре меня отпустили и на следующий день я продолжил работу!

Прошло еще недели две, я снова не заметил и нарушил какое-то правило. Вдруг, смотрю, а сзади едет полицейский на мотоцикле. Это был дорожный патруль, он включил сирену и остановил меня. Мне стало так досадно: опять я оказался в такой же ситуации.

У нас в Калифорнии есть такая поговорка: если тебя остановил полицейский на мотоцикле, да еще и рыжий, с усами – такие не прощают! Мы все время шутили об этом с друзьями. И вот меня останавливает полицейский на мотоцикле, я вижу в заднее зеркало, как он идет ко мне, снимает шлем, и я замираю в шоке – он рыжий и с усами! Ну, думаю, теперь точно приплыли. В тот же миг я вспомнил слова: *"Если бы ты сказал правду, ты бы дал Мне основание сделать чудо..."* Тогда я решился выпалить ему всю правду, прежде чем он спросит меня о чем-либо. И что вы думаете, он подошел, я через открытое окно протягиваю ему две руки и говорю:

– Забирайте меня в тюрьму, у меня нет прав, нет страховки и регистрация не моя! Можете меня арестовывать.

Тот прямо вздрогнул. Он был в шоке от услышанного и не знал, как себя вести. Полицейские ведь привыкли, что все перед ними оправдываются, придумывают истории, спорят, а тут сразу – "ничего нет, забирайте". Тогда он ответил:

– Да подожди ты сразу в тюрьму, дай мне хоть какие-нибудь документы проверить.

Я подал ему свое удостоверение, и он ушел. Потом вижу: а он возвращается, но идет как-то странно, как будто крадется. *Что сейчас будет?* Он подошел и говорит:

– Молодой человек, посмотри мне в глаза.

Я посмотрел, а он продолжил:

– Кто ты такой?

– Андрей Шаповал, – удивленно ответил я.

– Смотри мне в глаза! Я никогда такого в жизни не делал.

Я смотрел на него и понимал, что с ним что-то странное происходило. А он продолжил:

– Я сейчас поеду туда, – и кивнул головой влево, – а ты поедешь туда, – и показал головой вправо.

Потом он кинул мое удостоверение, надел шлем и уехал. Мой единственный документ лежал у меня на коленях, и я не мог ничего понять: *"Что это сейчас было?"* Я завел машину, а ехать дальше не мог, меня накрыло: *"Бог, я Тебя не знаю, просто не знаю. Ты намного больше всех моих представлений"*. Я плакал перед Ним, а потом снова стал петь: "Тогда поет мой дух Господь Тебе, как Ты велик! Как Ты велик!!!"

Что вы думаете, через неделю опять… меня остановил полицейский, только уже шериф. В третий раз я чувствовал себя более уверенно и решил снова выложить всю правду. Итак, я открыл окно, протянул руки и выпалил: *"Забирайте меня в тюрьму, у меня нет прав, нет страховки, регистрация не моя"*. Его реакция – такая же, как и у того рыжего на мотоцикле: он был в шоке. Да, порой правда разит наповал.

Я не советую вам так поступать и тем более ездить без прав, но в начале моего пути у меня не было выбора, мне нужно было ездить. Бог это все видел и помогал мне, чтобы восстановить все, что было разрушено дьяволом в этой сфере моей жизни.

Шериф попросил у меня документы для проверки. Я подал ему удостоверение, и он ушел. Через несколько минут смотрю – возвращается очень быстрым шагом. Он подошел, кинул в машину удостоверение и сказал:

– Ты зачем меня обманул?

Я очень сильно удивился, ведь я же сказал правду, поэтому в растерянности ответил:

– Я? Обманул? Как?

– Я проверил всю твою информацию в системе – у тебя все в порядке с документами, и компьютер показывает, что права у тебя есть!

Он выписал мне штраф и отпустил. Я ничего не мог понять: *"Что только что произошло? Как есть права?"* Я завел машину, а ехать дальше не мог, меня просто снова накрыло: *"Бог, я Тебя не знаю! Ты превыше всех моих обстоятельств, больше, чем я способен охватить своим разумом... Великий и Чудный!"*

У нас, людей, есть ограничения, но в Боге их нет! Об этом писал апостол Павел: *"...как безмерно величие могущества Твоего"* (Еф. 1:19). Друзья, ведь **Его могущество – без меры!** Мы должны возрастать в познании Его могущества. Многие люди так часто ограничивают Бога, помещая Его в свои рамки, формируя о Нем свое мнение, или просто привыкая к Нему, думая, что знают Бога. Чем больше я ищу Господа, тем больше прихожу в разочарование, потому что так мало знаю Его! Я только одно понял: я должен идти к почести высшего звания во Христе Иисусе. И чем больше я погружаюсь в Его присутствие, тем больше понимаю, что это – бездна богатства, величия и премудрости Бога.

Чудеса в моей жизни продолжались. Интересным был

момент, когда я забирал свою первую зарплату. Компания, в которую я устроился, снабжала аптеки очень дорогостоящей продукцией, поэтому, по уставу, хозяин лично должен был проверить документы у всех новых водителей. В назначенное время все работники съехались за зарплатой и выстроились в очередь с документами в руках. За столом в большом гараже сидел наш босс, а перед ним лежали конверты с платежными чеками; рядом стоял помощник – наш русский парень, который хорошо меня знал. Итак, водители по одному подходили к столу, босс проверял права, регистрацию, страховку и, убедившись, что все в порядке, выдавал конверт с зарплатой.

Представьте, я отъездил месяц, мне нужна была зарплата, а тут такое! Я ВСТАЛ в очередь – в руках ничего нет – и молюсь: *"Боже мой, я не знаю, что Ты сейчас будешь делаешь и какое чудо должно произойти, чтобы я получил свои деньги… но я верю, что Ты дал мне эту работу, и я работал не напрасно. Ты уже столько чудес явил мне на дороге, я верю, что Ты и здесь явишь чудо и я уеду домой с чеком".*

В очереди впереди меня стоял русский водитель, высокий, крупный мужчина. Когда он подал свои документы, то оказалось, что у него не было страховки, а все остальные документы были в порядке. Начальник, увидев отсутствие страховки, стал кричать на помощника: *"Кого ты взял? Ты зачем его принял? У него нет страховки! Почему ты не проверил? Ты понимаешь, как это серьезно?"* Вдруг этот русский водитель вмешивается в разговор, и дальше они с хозяином начинают ссориться и кричать друг на друга.

В общем, передо мной завязалась серьезная разборка. Водитель кричал: *"Отдай мой чек!"* А хозяин в ответ: *"Не дам! Ты не имел права развозить груз!"* Мужика нашего так взорвало, он чуть ли не в драку полез. А я стою в очереди и думаю: *"Боже мой! Я же следующий, если здесь такая драка из-за какой-то страховки, то в моем случае он меня просто прикончит, или сразу застрелит..."*

Русский менеджер не знал, как себя вести, потому что босс кричал то на водителя, то на него. В растерянности он посмотрел на меня, потом снова на разборку, потом снова на меня и говорит: *"О, Шаповал Андрей"* – и так резко рукой по чекам провел, раз-раз. *"Шаповал, вот твой чек, иди"*, – сказал он мне и передал конверт. Я тихонько взял свой чек, вышел из очереди и направился к машине, а крики в гараже так и продолжались.

Когда я завел машину, то ехать снова не мог, меня накрыло: *"Господь, как Ты велик!!!"* Я увидел Бога, Который может сделать несравненно больше всего, о чем мы просим или помышляем. Я стал славить Его и почувствовал, как Дух Божий наполнил мою машину и сказал: *"Сынок, неужели ты не понял еще, что если Я открою, то никто не закроет. Но если Я закрою, то никто не откроет. Кто дал тебе эту работу? Продолжай искать лицо Мое, и ты увидишь больше, чем ты видишь сейчас".*

Я проработал в той компании еще пару лет, за это время Бог сверхъестественным образом восстанавливал мою жизнь, в том числе документы и водительские права. Он стал являть чудеса и приносить благословение в те сферы, в которых у меня было реальное проклятие: с финансами, с полицией, с документами. Такое мог сделать только Всемогущий Бог! Написано: *"Надейся на Господа всем сердцем твоим и не полагайся на разум твой. Во всех путях твоих познавай Его, и Он направит стези твои"* (Притчи 3:5-6). Я продолжал каждый день познавать Его, а Он шаг за шагом учил меня **ходить в Нем.** У меня не всегда все получается, я самый несовершенный человек, у меня масса забот и трудностей, но я верю **Великому Богу, я просто безумно Ему верю.**

"Буду вспоминать о делах Господа; буду вспоминать о чудесах Твоих древних; Буду вникать во все дела Твои, размышлять о великих Твоих деяниях. Боже! Свят путь Твой. Кто так велик, как Бог наш! Ты – Бог, творящий чудеса" (Пс. 76:12-15). В своей жизни я решил **вникать во все дела Бога и возрастать в познании Его величия,** которое без меры! Все свое внимание я сосредотачиваю на Нем и отдаю Ему всего себя, чтобы Он мог осуществлять Свою волю Духом Святым через мою жизнь.

Господь, я молюсь сейчас за каждого человека, который переживает трудности в сфере документов и работы. Я прошу, вступись, прямо ворвись в их ситуацию и яви Свою славу, прямо сейчас, когда они читают эту книгу. Пусть эти истории оживают в их жизни и в их ситуациях. Дух Святой, Ты дышишь, где хочешь, для Тебя нет ни расстояния, ни времени. Я молюсь, чтобы эти главы ожили в судьбах людей, пусть они реально увидят славу Твою в своих ситуациях. Во имя Иисуса!

Друзья, вы можете повторить за мной:

Отец, я принимаю Твою благодать в каждую сферу моей жизни, пусть Твоя благодать заполнит все мое внутреннее состояние и пусть Твое благословение так обогатит мою жизнь, что вытеснит всякую печаль из моей судьбы.

ГЛАВА 2
КТО ВАС СЮДА ВПУСТИЛ?

Чудеса – это реальность Бога, это Его особый диалект, которым Он открывает реальный мир неба, чтобы мы начали видеть Его взглядом с позиции Вечности и чтобы образ нашего мышления преображался. Много раз я видел разницу между реальностью Бога и нашей земной действительностью. Я видел, как в послушании Духу Святому открывалось другое измерение и сила Божья вторгалась в мир физический, на территорию земли.

В моей жизни пришло такое время, когда Бог стал все больше открывать двери для служения в разных странах. Однажды мне предстояло лететь в Германию, чтобы провести там молитвенный выезд для нескольких церквей. Помню, как я быстро упаковал вещи в чемодан и проверил паспорт. Как вы уже знаете, с документами у меня всегда были проблемы. Из-за потери некоторых бумаг я никак не мог получить вид на жительство в Америке, поэтому не мог свободно летать в другие страны. Единственный способ для меня полететь и вернуться назад в Америку – это оформить въездной документ *(refugee re-entry document)*, или "синий паспорт", как мы его называем. Он выдается только на один год.

Я снова заглянул в свой "синий паспорт" – после поездки его нужно было обновлять. Я верил, что однажды Бог все устроит и я смогу получить гражданство. Все мое внимание я решил сосредоточить на Боге, ожидая то особенное время, когда мы на несколько дней углубимся в общение с Духом Святым и служение друг другу. Итак, попрощавшись с семьей, я отправился в аэропорт.

Прилетев в Германию, я прошел таможенный контроль, меня встретили братья и поторопили в машину. Мы сразу же отправились в горы, на место проведения общего молитвенного собрания. Бог чудным образом позаботился обо всех деталях этого выезда: пасторам удалось снять прекрасный комплекс вдали от города и суеты. Там собралось несколько церквей, которые совсем недавно образовались и начали свои служения. Они особенно нуждались в духовной поддержке и очень ревновали о близости с Богом, познании и слышании Его голоса.

В общем, следующие 3 дня пролетели очень быстро и были невероятно насыщенными. Люди жаждали слова и переживали особое прикосновение Духа Святого. Я молился за каждого и видел, как Бог освобождал людей от боли, залечивая глубокие душевные раны. Одни падали на колени и рыдали перед Богом, другие начинали смеяться – все это происходило под водительством Духа Святого. Он приносил свободу во все сферы: дух, душу и тело. Мы видели много демонических проявлений среди людей, которые недавно пришли из мира. В присутствии Божьего света никакая тьма не могла устоять. Были некоторые, кто первый раз приехал на такой выезд, чтобы просто посмотреть. Так одна девушка покаялась прямо там, а когда мы за нее молились, Бог избавил ее от табачной зависимости. До этого она выкуривала по 20 сигарет в день! В один миг Бог освободил ее. Мы молились и наполнялись жизнью неба. Господь крестил многих Духом Святым, так что люди то в одной, то в другой стороне зала кричали: *"Аллилуйя! Аллилуйя!"* и начинали впервые молиться духом. Эту встречу можно было сравнить только с Божьей купальней, в которую погрузил нас Дух Святой.

Когда выезд закончился, я попрощался с братьями и отправился в аэропорт, чтобы лететь домой в Америку. На таможне я подошел к паспортному контролю и подал документы. Таможенник открыл мой "синий паспорт", сразу же изменился в лице и с ужасом посмотрел на меня. Затем он обратился к высшему по званию, сказав ему что-то по-немецки. Далее засуетились все. При этом мне ничего не объясняли, а просто сказали подождать.

Таможенник ушел с моим паспортом, потом вернулся, потом что-то долго проверял в компьютере, потом поднял голову и спросил:

– Как ты сюда попал??

Я ответил:

– Ну, прилетел на самолете, как и все; прошел таможенный контроль, забрал багаж и меня встретил брат. Я прилетал на несколько дней и теперь мне надо домой.

Выслушав мой ответ, он сказал:

– Нет! Кто тебя сюда впустил? Кто позволил тебе ступить на немецкую землю?

Я как мог пытался ему снова все объяснить. Он опять куда-то ушел, потом вернулся с двумя пограничниками. Те отозвали меня в сторону и стали тщательно обыскивать и проверять.

Они были в шоке и полном замешательстве. Оказывается, что в разных странах разные требования к въездным документам. Например, в Германии закон запрещает впускать в страну человека, если срок действия его паспорта истекает менее чем через 3 месяца. Об этом постановлении я не знал. Перед вылетом я проверил свой "синий паспорт", его срок действия истекал менее чем через месяц. Я даже не подозревал о возможной проблеме. Понятно, почему все переполошились: человек, который впустил меня в страну, не имел на это права – это было серьезным нарушением их закона. Таможенник объяснил мне, что они настолько строго следят за соблюдением этого закона, что в моей ситуации было абсолютно нереальным, чтобы я мог пересечь их границу. *"Так, как ты сюда попал?!"*

Я начал переживать, как бы не опоздать на самолет, а они в недоумении повторяли, что нарушен закон страны и я не имел права там находиться... Я удивленно смотрел на них, а они – на меня. В конце концов, продержав меня еще немного, они вынуждены были отправить меня назад в Америку.

В самолете я долго размышлял о том, что произошло: ведь если бы я полетел в Германию, зная о положении закона, то искушал бы Бога, молясь о чуде. Я не знал, поэтому Бог помиловал меня и открылся в Своем величии, явив это чудо: пропустил меня в страну, чтобы я мог послужить и исполнить Его волю.

Знаете, когда пограничники все еще обыскивали меня и объясняли свои законы, в тот момент я почувствовал присутствие Бога и Дух Божий открыл мои глаза на происходящее. Я услышал Его голос: *"Сынок, Я Сам закрыл глаза пограничнику, когда ты прилетел. Я послал тебя сюда, и Я Сам за руку провел тебя через границу, чтобы ты мог осуществить Мою волю и Мои желания в этой стране. Я имею Свое особое определение для тех церквей, которым ты служил"*. Я так восхищался Богом. Он превыше всего! Я стоял в полном благоговении перед Ним: на моих глазах Он совершил чудо.

Чем больше мы познаем Бога и понимаем реальность небес, тем меньше у нас страха, стрессов и переживаний. В моей ситуации Бог не переживал, Он вмешался в мир физический и я увидел другую реальность, мир духа, в котором нет ограничений. Духовный мир намного реальней, чем наш физический. Поэтому я хочу призвать вас ревновать об открытых небесах в нашей жизни, о чудесах Божьих, о Боге с именем ЧУДНЫЙ. Когда Он являет чудо, то открывает нам другое измерение – Свою реальность, реальный мир неба. Однажды Иисус сказал: **"Отныне** увидите небо открытым". С того момента **небо никто не закрывал!** Каждому из нас доступна та реальность неба, в которой ходил Сам Иисус. Вспомните историю, когда буря кидала лодку, а Он спал. Там, где находился Его дух, не было этих штормов. Его разбудили и сказали: *"Ты что не видишь, мы погибаем?"* А Иисус ответил: *"Я реально не вижу. Я вижу что-то другое"*, – и сказал: *"Затихни, перестань!"* (Марк 4:38-39)

Буря – это наши земные обстоятельства, которые являются правдой, но не истиной. Истина – это измерение небес и реальность, в которой живет Бог. Истина открывается Духом Святым. Осознайте, прямо сейчас мы посажены в Иисусе на небесах – это наша позиция в Божьей реальности. Однако нам нужно научиться ходить в Иисусе, жить сверху вниз, под открытым небом, чтобы невидимое становилось видимым.

Вся книга Деяний пропитана демонстрацией силы Духа Святого. Вначале, с сошествием Божьего Духа ученики приняли Его силу и стали посланниками Бога на земле. Они были водимы Святым Духом, служили дарами Духа и жили реальностью неба. Первая церковь имела определенный образ жизни: пребывали в учении, молитвах, постах, были жертвенными, имели общение с Духом Святым, и сверхъестественное было естественным явлением в их жизни. Изучите, какой реальностью жили апостолы Иисуса Христа.

В 10 главе книги Деяний написано о Петре: он *взошел на верх дома помолиться. И почувствовал он голод, и хотел есть. Между тем как приготовляли, он пришел в исступление и видит отверстое небо...* Знаете, что такое *исступление*? Это греческое слово extasis *(экстасис)*, что дословно переводится как "переходить границы чего-либо, состояние вне тела, 'стоять вне себя'", другими словами, это *транс* или *экстаз*. Когда мы слышим слово *транс*, то сразу настораживаемся, думая, что это только от дьявола. Дело в том, что это слово у нас ассоциируется с массой оккультных практик: йога, движение Нью Эйдж, спиритизм и другие практики, которые используют те же самые духовные принципы. Мы боимся слов *исступление* и *транс* из-за того, что сегодня столько непонимания и подделок в этой сфере.

Я тоже этого боялся и не знал, что это такое, тем более я не искал этого, но однажды Божий Дух повел меня глубже в слове, открывая панораму духовного мира. *Исступление или транс – это реальное переживание, когда ты переходишь границы физической реальности в мир духовный, но только под водительством Духа Святого!* У меня был целый сезон на протяжении года, когда я входил в различного рода исступления. *(Я описываю эти многие переживания в своей книге "Предназначен".)* Долгое время я не делился этими переживаниями. Я знал, что многие меня не поймут, потому что не читают Библию и не изучают ее, а она полна сверхъестественного.

Я верю, нам так нужно познание Божьей реальности и глубокое и твердое основание Божьего слова – а это открывается Духом Святым! Я много раз переживал состояние, когда физически был очень усталым, но проводил время с Богом и читал Писания, и, если Дух Святой открывал мне хотя бы одно слово, я не знаю как, но все во мне оживало, откуда-то внутрь приходила энергия и я забывал про сон, про усталость и жадно читал. Бывало, когда приходило откровение, я не мог объяснить, что со мной происходило – я ночи напролет просто ходил по комнате с Библией, а мои мысли разрывало от понимания реальности Божьего мира. Ведь **откровение – это не что-то новое, это истина небес**, это врата из физического измерения в Божье. Некоторые называют это откровением свыше, а Бог называет это Своей реальностью, которая открывается Духом Святым.

Итак, когда Петр пришел в исступление, он увидел отверстое небо и Божье виденье… Откровение, которое он получил свыше, настолько изменило его мышление, что он пошел к язычникам. Это было не просто исступление, а приглашение в Божью реальность – увидеть Его глазами. Я уверен, что Петр переживал такие моменты постоянно, поэтому для него духовный мир не был каким-то далеким и нереальным – он этим жил.

Посмотрите далее, в 12 главу Деяний: Петр находился в темнице, его стерегли воины. *Когда же Ирод хотел вывести его, в ту ночь Петр спал между двумя воинами, скованный двумя цепями, и стражи у дверей стерегли темницу.* Это описание его физической реальности: правда говорила, что его ждет смерть и ситуация неразрешима. Вы только задумайтесь, если бы Петр не видел другой реальности, он никогда бы не смог заснуть, зная, что на следующий день его казнят. Но там, где был дух Петра, был покой! Когда яркий свет осиял темницу, на апостола Петра это не повлияло, он спал дальше без просыпу. Я представляю эту картину: ворвался яркий свет, ангел стоял и ждал, а Петр спал как убитый. Ангелу пришлось толкать Петра в бок, чтобы разбудить: *"Вставай скорее"*. *И цепи упали с рук его. Ангел говорит: обуйся, он сделал так, потом говорит ему: надень одежду твою и иди за мной. Пройдя первую и вторую стражу, они пришли к железным воротам, ведущим в город, которые сами собою отворились –* Божья реальность вмешалась на территорию земли. Именно таким был реальный взгляд неба на всю ту ситуацию...

Я уверен, что сверхъестественное происходило в жизни Петра постоянно. Он настолько привык к исступлениям, что уже не различал, где настоящее, а где сверхъестественное. Когда Ангел выводил его, он реально думал, что это опять исступление. Он шел, не понимая, что все происходящее – это физическая действительность.

Посмотрите, что происходило дальше: они прошли одну улицу, и вдруг Ангела не стало с ним. *"Ну, Петр, дальше сам дойдешь!"* А следующая фраза просто потрясающая: *Петр,* **придя в себя***, сказал: теперь я вижу воистину, что Господь послал Ангела Своего и избавил меня от руки Ирода и от всего, чего ждал народ иудейский.* **И осмотревшись...** – Наконец-то! Он пришел в себя и осмотрелся, до него дошло, что это не очередное видение, а действительность.

В современном христианстве сверхъестественное стало редкостью, кто-то полвидения увидел – книги пишут, всем рассказывают, на лучших телевизионных каналах выступают, потому что кто-то крыло ангела увидел. А для апостолов это было естественным образом их жизни! Попробуй сказать, что у тебя было исступление или что Бог взял тебя и переставил в другую страну, чтобы решить ситуацию, а потом вернул назад – такое не привыкли слышать, поэтому отлучат или анафеме придадут самые "прогрессивные харизматы". А такой была реальность хождения первой церкви в Духе Святом.

Сегодня перестали учить о чудесах и говорить о них, поэтому многие перестали верить и видеть их в своей жизни. Наш доступ в глубины Бога открыт Духом Святым – в Нем Царство Божье, реальность неба, в Нем нет поражений, в Нем вся победа Иисуса. Я верю, что каждый из нас призван быть служителем Нового Завета, не буквы, но духа. Поэтому нам нужно соединяться с Духом Святым и познавать Бога Чудного, чтобы реальность Божья стала нашей реальностью. Не бойтесь познавать Божью реальность, мы должны научиться жить сверху вниз, служить в Духе Святом, быть благовестниками неба и приносить небеса на эту землю.

ГЛАВА 3
УДАРЬ ЕГО!

Бога никто никогда не видел, но, соприкасаясь с Его чудесами, ты открываешь для себя Его природу и касаешься Его реальности. Мы должны быть внимательны к действиям Бога и Его голосу, чтобы в точности исполнить то, что Дух Святой говорит нам. Иногда Бог говорит очень неординарным образом и просит сделать вещи, которые могут показаться очень странными или не под силу. Мало того, порой это нас пугает, потому что оно для нас новое, не совсем понятное, неудобовразумительное, пророческое...

В своей жизни я понял, что сложно не получить слово от Бога – сложно сохранить это слово, потому что вокруг тебя начинает звучать много других голосов, которые претендуют на твое внимание, появляется слишком много других вариантов. Позвольте снова подчеркнуть: сложно не услышать, а остаться верным этому слову до конца, исполнив то, что Бог сказал тебе. Каждый раз, когда Бог открывает тебе что-то новое, ты должен инвестировать в это веру.

Бог хочет принести Свою реальность на землю, но часто нет человека, через которого Он может это сделать. Иисус сказал: *"Имейте веру Божью"*, – такая вера говорит на несуществующее как на существующее (Мар. 11:23). Другими словами, вера Божья видит реальность Бога и способна дать в физическом мире начало тому, что уже существует в духовном мире. Вера – это всегда риск, ведь вопреки всему видимому ты начинаешь делать то, что угодно Богу. Из опыта добавлю – это потребует всего тебя. Одно из значений веры в переводе с иврита – это послушание. Эти два понятия неразрывны – **вера Богу и послушание Богу**. Вспомните, когда сотник повиновался слову Иисуса, Он назвал это ВЕРОЙ! *(Матф. 8:13)*

В моих отношениях с Богом Его голос – приоритет. И иногда мне приходится сдавать очень непростые экзамены! Такие моменты реально меняют мое мышление и приводят мои отношения с Богом на новый уровень.

Я помню, как однажды мы с командой отправились в Мексику проводить служения исцеления. Там собралось очень много людей. Я проповедовал о женщине, которая страдала кровотечением 12 лет. Услышав об Иисусе, эта больная женщина начала пробираться сквозь толпу, чтобы прикоснуться к Нему. Она исцелилась, прикоснувшись к благодати и дару Божьему; в этом чуде задействована была ее вера Богу… В середине моей проповеди – я так сказать только разошелся объяснять глубокие духовные истины – вдруг в середине зала встала женщина с ребенком на руках и сквозь всю толпу начала идти к сцене. Она подошла ко мне вся в слезах и стала что-то говорить.

Я остановился проповедовать и посмотрел на пастора Давида, который меня переводил. Тот начал объяснять:

– Эта женщина ощущает, что Иисус сейчас на этом месте и Он может исцелить ее дочь. Она спрашивает, можешь ли ты помолиться за ее девочку.

Я ответил, как обычно:

– Мы обязательно помолимся в конце служения, когда я закончу проповедовать. Друзья, – обратился я ко всему залу, – мы в конце будем молиться за всех людей, которым нужна молитва!

– Нет!!! Я не могу ждать до конца служения, я сильно ощущаю Бога! Он здесь и может исцелить мою дочь прямо сейчас, – настаивала женщина.

Все происходило посреди собрания. Я всегда с благоговением отношусь к моменту, когда проповедуется слово, ведь в это время к нам говорит Сам Бог. Мы должны быть внимательны, чтобы учиться от Него. А эта женщина перебила мою проповедь и весь ход служения. Поэтому я снова попытался ей объяснить, что мы будем молиться после проповеди, но она просто не слушала меня. Она рыдала и просила, чтобы я молился за ее дочку.

Это была такая неловкая ситуация! Вдруг я подумал: *"А если это только мои домыслы? А может, это только мне хотелось допроповедовать? Может, Дух Святой уже закончил проповедь и … готов действовать … просто потому, что Он сильно любит этих людей".* Я даже немного растерялся, потом посмотрел на ребенка:

это была маленькая девочка, годика 2, не больше. На первый взгляд ребенок выглядел вполне нормально. И я поразмыслил: *"Наверное, у нее просто животик болит или что-то в этом роде"*. Тогда я спросил, за что именно нужно помолиться. Женщина ответила, что у малышки с рождения полностью парализована рука: мышцы не функционируют, чувствительности нет, она ею не может двигать *(похоже на родовой паралич)*. Я снова посмотрел: и действительно, ручка малышки пассивно свисала.

Все люди в зале замерли, наблюдая за моей реакцией на все происходящее. Честно признаюсь, мне было сложно, я не ожидал такого поворота. Мало того, в тот момент я не чувствовал ни помазания, ни особой веры для чуда; может, потому, что меня перебили во время проповеди и все было спонтанно и неожиданно. Обычно я настраиваюсь молиться за людей в конце служения, но, похоже, что у Духа Святого были другие планы. Он Господь моей жизни и моего служения, поэтому не мне решать, когда Богу действовать.

Я попросил всех людей встать и вместе со мной в согласии молиться за девочку. Возложив на ребенка руки, я начал цитировать слова Иисуса: *"Уверовавших же будут сопровождать сии знамения: именем Моим будут изгонять бесов; будут говорить новыми языками; будут брать змей... **возложат руки на больных, и они будут здоровы**"* (Мар. 16:17-18). Потом я сильно зажмурил глаза и продолжил молитву: *"Бог, это Твое слово, я подчиняю всю эту ситуацию под Твое слово и прошу, коснись этого ребенка"*. Затем я стал повелевать ее мышцам, суставам, нервным окончаниям восстановиться и руке – быть здоровой. В тот момент я не опирался на свои чувства или настроение – а только на слово Божье! Я все еще продолжал молиться, как вдруг в зале началось какое-то волнение. Я открыл глаза: вокруг суматоха, люди что-то выкрикивают и машут руками. Тогда я посмотрел на своего переводчика – тот стоял и улыбался. Похоже, я был единственным, кто не мог понять, что происходит. Давид сказал: *"Ты что не видишь? Посмотри на девочку!"* И тут я заметил, что рука, которая телепалась и не двигалась, больше не висит. Вдруг во время молитвы малышка подняла ручку и обняла свою маму!

В одно мгновение атмосфера изменилась: как будто небо ворвалось в тот зал и воздух наполнился силой Божьей. Господь настолько сошел в Своем величии, что никто из присутствующих не мог молчать: люди от радости прыгали, рукоплескали Богу и восклицали: "Аллилуйя!" Господь остановил ход служения, чтобы совершить это чудо. Я вместе с ними радовался и больше не жалел, что перебили мою проповедь.

Кстати, в культуре того народа не принято перебивать собрания. Однако во время проповеди женщина настолько укрепилась в вере, она увидела что-то большее, чем просто очередного проповедника. Она увидела дар Божий, ответ от Бога в ее жизнь, поэтому верила каждому слову, которое я говорил. К сожалению, многие люди просто слушают слово как информацию, и в конечном итоге это их не изменяет. Эта мамочка настолько поверила Богу, что, невзирая на ход служения и мнения людей, поднялась и пошла вперед. Я восхищаюсь верой некоторых людей. Даже Иисус удивлялся двум вещам: мере веры в человеке и мере неверия. Только задумайтесь: **верой вы можете реально угодить Богу и даже удивить Его!**

Итак, я понял, что продолжать проповедь я не буду и дальше служение пойдет не так, как мы планировали. По сути, мы должны следовать не традициям, не постановлениям человеческим, но голосу Божьему. Мы должны давать в наших собраниях место для действия Духа Святого. Все, кто ищет Бога, будут соприкасаться с чем-то новым. Это значит, что мы должны слушать Его каждый день и держать внимание на Нем, чтобы Он направлял нас. В служении Богу, конечно, могут быть какие-то формы и методы, но не нужно ограничивать Бога какими-то рамками. Со временем и с повелением Божьим многое будет меняться: форматы служений, сезоны, программы, методы... не забывайте, что это не главное. **Главное – это служение Духа Святого!**

Я почувствовал, что пришло время молиться за людей. Вдруг в этой атмосфере Божьей славы я обратил внимание на пожилого мужчину, который вышел из толпы и медленно, но целеустремленно двигался прямо на меня. Он шел, как идет робот: не сгибая ни рук, ни ног. Старик буквально тянул свое тело. Подойдя близко к сцене, он протянул руку и пальцами начал показывать, чтобы я помолился за него. Я через переводчика стал расспрашивать, что с ним произошло. Оказывается, что после аварии этот мужчина был частично парализован. Он тоже верил, что Бог силен его исцелить.

В тот момент я находился в состоянии веры и уже чувствовал Божье помазание, поэтому сразу ответил: *"Конечно помолимся, без проблем"*. Как только я собрался возложить на него руки, вдруг как будто открылось другое измерение и видимые стены исчезли, я услышал ясно голос Духа Святого: *"Не возлагай руки!"* Я замер, а потом услышал тот же голос: *"Просто ударь его в лоб"*.

Что? Разве Бог мог такое сказать? Это было настолько неожиданно, что я начал гнать всякие мысли и говорить: "Отойди от меня, сатана". Я не мог поверить, чтобы Бог повелел мне ударить старого парализованного человека. *Странно, не правда ли?* Я снова хотел возложить на него руки и помолиться, но снова застыл, потому что услышал Божий голос: *"Не возлагай на него руки! Ты же обещал Мне, что будешь внимателен к Моему голосу. Просто ударь его"*.

Я понимал, что на самом деле именно этого от меня хочет Бог. Поэтому, сделав глубокий вздох, я обратился ко всем людям: *"То, что вы сейчас услышите, будет звучать очень странно, но я должен повиноваться Богу более, чем мнениям людей. Я хочу быть послушным голосу Духа Святого. Только что Бог сказал мне ударить этого мужчину"*. Вначале все внимательно слушали, а потом разразились громким смехом. Серьезно, там все смеялись, все, кроме меня и старика. Ему-то было не до смеха, ведь бить собирались его.

Несколько секунд он стоял в раздумье, а потом улыбнулся и стал пальцем показывать, типа *"давай, бей"*. В общем, он дал мне свое разрешение. Зал утих в ожидании представления. Дед тоже ждал, когда я начну действовать. А я стоял и думал: *"Как же его бить? С правой или с левой?"* Вдруг Дух Святой говорит: *"Бей прямо!"* Я, недолго думая, со всего размаха заехал ему прямо в лоб. Друзья, это была такая неприятная сцена, потому что наши братья не успели его подхватить. Старик упал на пол, и все услышали, как громко он ударился головой. Такое ощущение, что после падения он перестал дышать. У меня в глазах аж потемнело. Наступила глубочайшая тишина, настолько тихо, что мне жутко стало. Все ждали, что будет дальше...

Боже мой, что я наделал? Вдруг он умер? Мне конец. А может, Бог хотел таким образом забрать его в небеса? Какие только мысли не пролетали в моей голове. Вдруг вся моя жизнь пронеслась перед глазами, начиная с самого раннего детства, я даже вспомнил маму. В тот момент я уже приготовился к вознесению. Да, я даже начал приподниматься на носочки: *"Боже! Приходи прямо сейчас и забери меня отсюда! Я больше не хочу быть в этой ситуации. Я готов на небеса прямо сейчас. Вот я, возьми меня".* А старик лежал передо мной как убитый.

Вспоминая тот момент, я всегда прошу: *"Боже мой, освободи нас от неверия и страха, дай нам повиноваться Тебе всей своей жизнью".* Когда ты повинуешься тому, что Бог говорит тебе, ты приносишь себя в жертву, умираешь для мнения людей, для своего авторитета и полностью отдаешься в руки Господа. В моем случае это был именно тот метод, который потребовал моей смерти, чтобы угодить Богу! Суть-то вообще не в методе, **суть в послушании Его голоса.**

Когда Иисус был на земле, Он тоже действовал по-разному. Представьте, однажды, чтобы исцелить слепого, Иисус плюнул, сделал размазню и налепил это на глаза слепому человеку. *Нет, ну разве это по-*

христиански? Я представляю возмущения религиозных людей: "Неужели нельзя было просто положить руки и помолиться?" Можно, однако <u>именно в повиновении Богу есть великое воздаяние!</u>

Я продолжал смотреть на этого старика, и каждое мгновение казалось вечностью. Прошло несколько минут, а он все еще лежал и не шевелился, потом еще несколько минут – вдруг он открыл глаза. Какое это счастье! Он заулыбался, и я начал улыбаться вместе с ним. А следующие его действия были очень забавными: старик поднял вверх руки и ноги и начал крутить ими, как будто ехал на велосипеде. Через некоторое время мы помогли ему подняться. Затем он взобрался на сцену и начал бегать по ней туда-сюда. Его никто не мог остановить! Я от радости бросил все и побежал за ним. Он бегал от счастья, что Бог явил чудо, а я бегал от счастья, что Бог спас меня от этой ситуации. В тот момент мы оба именно таким образом прославляли Большого, Великого, Всемогущего, Всесильного Бога, который есть Царь царей и Господь господствующих.

Я хочу отдать всю славу Иисусу! В действительности я просто Андрей, но всей своей жизнью я выстраиваю площадку, чтобы Бог мог действовать через меня и вести людей в обетования. Я хочу помогать людям переживать Бога, я хочу отдавать свой дар людям, хотя понимаю, что не все открыты и не все принимают. Я осознал, что **самая большая свобода в служении – это свобода от мнения людей.** Поэтому я держу внимание на Боге, чтобы угодить Ему, для меня важнее Его мнение: как Он видит меня, как Он видит это время, на чем сейчас Его внимание, что Он хочет делать сейчас...

Друзья, мы должны строить с Богом такие отношения, чтобы мы могли слышать Его голос и подчинять себя под Его господство. Не слова *"Господи, Господи"* делают Его Господом твоей жизни, но твое отношение к Его слову, твое полное подчинение и твоя вера Ему. Дело в том, что со словом Царя не спорят, не делают разбора – Его словам повинуются. Когда ты подчиняешь каждую сферу жизни под Его господство, приходит Его слава. Я верю всем сердцем, что мы можем быть в этом мире, но жить не от этого мира, где мы в Нем посажены на небесах и *уже не я живу, но живет во мне Христос*, и то, что происходило в деяниях апостолов, будет происходить и в нашем поколении. Я все больше об этом ревную... и я ....

ГЛАВА 4
ЭТО НЕВОЗМОЖНО

Я помню, как-то раз мне позвонил очень уважаемый мной пастор. Он предложил провести вместе с ним конференцию в столице Латвии городе Рига. Ожидалось, что эту конференцию посетят многие поместные церкви, а также приедут гости из других городов и близлежащих стран. Для меня было большой честью принять приглашение этого пастора.

Мы все еще разговаривали с ним, как вдруг я поймал себя на мысли: *"А как это возможно, если срок действия моих документов уже истек?"* Я начал просчитывать сколько времени займет переоформление всех бумаг, и вычислил, что с января до середины марта – срока проведения конференции – у меня времени больше, чем достаточно. В моем сердце был мир, поэтому я ответил: *"Конечно, я с удовольствием полечу и послужу вместе с тобой"*. Итак, я дал свое согласие и меня назначили одним из главных спикеров конференции.

Сразу после этого звонка я занялся вопросом оформления паспортов. Дело в том, что у меня постоянно тянулись какие-то неустройства и проблемы в сфере документов. После моей иммиграции в Соединенные Штаты прошло более 10 лет, а я все еще не мог получить вид на жительство, все из-за потери карточки с прививками. Поэтому единственной возможностью полететь в другую страну и вернуться обратно было лишь оформление въездного документа, или *"синего паспорта", как мы его называем.* По украинскому паспорту я мог вылететь из страны, а по "синему" имел право вернуться обратно в Америку. Оформление "синего" въездного документа стоило дорого, и выдавался он только на один год.

В тот же день я заполнил все бумаги для получения "синего паспорта", вложил чек за услуги и отправил пакет в иммиграционный центр Вашингтона, округ Колумбия (Washington, D.C.). Процесс оформления обычно занимал чуть больше месяца. На сайте иммиграционного центра мы могли отслеживать, на каком этапе находились мои бумаги. Когда процесс переходил на третью стадию, это означало, что в течение недели "синий паспорт" будет отправлен по почте.

Далее я занялся украинским паспортом. В нашем городе Сакраменто находился Славянский центр, который по месту жительства занимался оформлением украинских паспортов. Я обратился к ним, заполнил все бумаги, оплатил услуги, и они отправили мою документацию в Украинское посольство Сан-Франциско. По истечении месяца мне по почте должен был прийти новый украинский паспорт.

Помимо всего прочего, для поездки нужна была виза в Латвию. Оформление визы – это еще две недели, ее можно было поставить сразу в украинский паспорт, правда, паспорта пока не было. Поэтому мне оставалось только ждать.

Время шло, иногда из офиса служителя, который меня пригласил, звонили сотрудники и делились подробностями подготовки конференции. Почему-то они каждый раз уточняли, все ли у меня в порядке с документами для поездки. Я с верой и дерзновением отвечал, что все в порядке, мы летим. Поэтому их команда служения, а также поместные церкви в Риге запустили рекламу с моим именем, приглашая всех на конференцию. Информация об этих служениях распространялась быстро, многие церкви ожидали и готовились к этому событию.

Единственный, кто немножечко нервничал по этому поводу, так это был я! Согласие я дал, рекламу с моим именем выпустили, церкви готовились, время приближалось, а с моими документами не было никакой ясности. Каждый день по интернету мы с женой проверяли статус "синего паспорта" и каждый раз на сайте высвечивалось, что паспорт все еще на первой стадии.

И вот уже до конференции оставалось буквально 3 недели, а у меня все также не было никакого сдвига с документами... А тут еще из офиса служения снова позвонили и сообщили, что пора заказывать билеты. В который раз они меня спросили: *"Все ли у тебя в порядке с документами?"*, и в который раз я заверил, что все хорошо, я скоро буду заказывать билеты.

Когда до отъезда оставалось 2 недели, у меня все еще не было ни "синего паспорта", ни украинского. К тому же еще нужно было оформить латвийскую визу, а это как раз 2 недели. Я начал усиленно молиться Богу, чтобы Он вступился и помиловал меня... Я находился под сильнейшим давлением и все больше и больше нервничал по поводу всей этой ситуации. *А что если документы не придут? Что я буду делать? Может позвонить и отказаться? Сказать, что не лечу, потому что документы не готовы?* Вы не представляете, как мне было стыдно и неловко. Что бы они мне ответили? *"А почему ты раньше не сказал!? Мы бы не включали тебя в программу, не рекламировали бы, по-другому бы всё спланировали..."* Я понимал, что реально подставил и себя, и того служителя, и людей, и церкви, которые нас ожидали.

Одним утром, после очередного звонка из офиса, я подсчитал, что до конференции осталось чуть больше недели. Я снова проверил статус "синего паспорта" – все еще на первой стадии. Я реально не понимал, почему за столько времени не было никаких сдвигов с документами? Внутри меня была сильная борьба, что я не мог ни есть, ни спать и каждую минуту только и думал, что мне делать, а это вытягивало все мои силы. Я много молился, но не было никакого ответа от Бога. Помню, как в то утро Наташа позвонила мне с работы и сказала: *"Андрей, я вот подумала: а все ли мы сделали со своей стороны, что могли?"* Мы стали рассуждать, и она сказала: *"А что, если тебе поехать в Украинское посольство прямо в Сан Франциско? Может, там есть опция срочного оформления и за дополнительную плату они смогут ускорить процесс? Давай пробовать все варианты!"* Она была права, ведь вера без дел мертва. Я сказал внутри себя: *"Бог, я сделаю со своей стороны все возможное..."*

Итак, я собрался и вместе со своим двоюродным братом отправился в Сан-Франциско. Дорога занимала несколько часов, и все это время мы молились и ходатайствовали, чтобы Господь сделал чудо. Когда мы приехали туда, оказалось, что до закрытия посольства оставалось полчаса. Я буквально влетел в их офис и обратился за помощью к первому попавшемуся мне работнику. Я объяснил ему ситуацию, что прошло два месяца, но паспорт я так и не получил. Он спокойно выслушал меня, взял информацию и ушел проверять. Вскоре этот парень вернулся с огромной и толстой папкой в руках и сказал:

– Можешь сказать спасибо своему Славянскому центру! Они на вас деньги экономят, поэтому отсылают нам паспорта не индивидуально, а собирают по 20-30 штук, добавляют туда еще другие документы и отправляют нам эту гору бумаг. Когда в посольство приходит вот такой пакет, мы его даже не распечатываем. Мы не приветствуем то, что делает этот Славянский центр...

Ого! Оказывается, что моими документами вообще никто не занимался! В надежде я спросил:

– Пожалуйста, а возможно что-то с этим сделать? Может можно за дополнительную плату ускорить оформление паспорта?

Он посмотрел на меня и неожиданно спросил:

– А ты хочешь сегодня его забрать?

– Разве это возможно? Ведь осталось 30 минут до закрытия, мои документы все еще в этой папке, их даже не разбирали…

Посмотрев на часы, он ответил:

– Приходи через 20 минут.

Вот это да! Я не мог поверить… *Как? Мне не надо ждать месяц? Не надо платить деньги? Просто прийти через 20 минут?!* Мы с братом вышли на улицу и просто ходили и благодарили Бога. Ровно через 20 минут, перед самым закрытием, я вошел в посольство. Когда этот молодой человек увидел меня, он подошел и буквально ткнул мне в руки мой новый украинский паспорт.

Вернувшись в машину, я держал в руках паспорт, и не мог поверить своим глазам. Потом я сразу набрал Наташу и сказал ей: *"Если первое чудо произошло, то и все остальные чудеса точно так же произойдут!"* Всю дорогу до Сакраменто мы с братом славили Бога. Как только я приехал домой, Наташа отправила мой паспорт в Латвийское посольство на оформление визы. Через несколько дней она позвонила туда, чтобы узнать, можно ли ускорить процесс. Ей грубо ответили, потом обругали и бросили трубку, так ничего и не сказав. Мы усилили молитвы и также попросили знакомых поддержать нас. В тот же день раздался звонок от пастора, он хотел уточнить, купил ли я билеты на самолет. Я пообещал ему, что в ближайшее время забронирую билеты и что все будет в порядке. Я просто верил, что Бог обязательно должен что-то сделать.

До вылета оставалось пять дней... Билет я все еще не купил, так как не понимал до конца, что будет с документами. Была пятница, а в среду нужно было вылетать в Ригу. Помню, как в то утро проснувшись очень рано я снова попросил Наташу проверить на какой стадии мой "синий документ", ведь именно он больше всего меня волновал: без него я не мог вернуться обратно в Америку. Наташа была на работе, она проверила и сказала: *"Он до сих пор на первой стадии"*. Я изо всех сил старался верить, но было невероятно трудно.

В ту пятницу у нас в церкви проходило молитвенное служение и именно в тот вечер я должен был вести прославление и направлять людей в поклонении Богу. *Как я смогу это делать?* Внутри меня шла сильнейшая борьба, я был вообще не в состоянии служить людям под таким давлением обстоятельств и сомнений. Когда Наташа вернулась с работы, я взял машину и все же поехал в церковь.

По дороге я начал молиться и в какой-то момент просто принял решение и сказал Богу: *"Господь, сегодня вечером, независимо от того, что я переживаю... независимо от того, будут ли готовы мои документы или нет... даже если мне придется опозориться!.. даже если будет очень стыдно перед пастором, который меня позвал... стыдно перед людьми, которые ожидают нас в Риге... я принимаю решение: я буду* *прославлять Тебя за то, Кто Ты есть! Я отдаю Тебе все мое поклонение, **несмотря ни на что!** Ты все равно достоин всей славы, ведь Ты мой Бог!"*

Знаете, в состоянии неопределенности и ожидания наш разум атакуют разные мысли. Может прийти момент, когда ты ожидаешь от Бога, но твои планы умирают, твой дух сокрушается и становится меньше тебя. Бог смотрит, что ты будешь делать в этом интервале времени, в этой паузе. И как важно иметь **место личного общения с Богом**, где ты поднимаешься над обстоятельствами и отводишь взгляд от видимых вещей. Вспомните Давида: он еще в Ветхом Завете практиковал свою близость с Духом Святым: он ходил на гору Елеонскую, где искал присутствия Божьего и поклонялся Ему, это было его местом поклонения *(2Цар.15:30-32)*. Посмотрите, когда его сын Авессалом восстал и захватил царство, Давид вынужден был бежать, знаете, КУДА он сразу пошел? Он поднялся на вершину горы Елеонской, именно на то место, где он всегда пребывал с Богом. *Что было важно для него в тот момент? В чем было его внимание? Чему он поклонялся? Престолу? Царству? Репутации?* Нет, Давид имел откровение, что значит истинное поклонение Богу. Его внимание было всегда сосредоточено на Боге, на Божьем Духе: *Духа Твоего Святого не отними от меня (Пс. 50:13). Дух Твой да ведет меня в землю правды (Пс. 142:10).*

Я осознал, что **истинное поклонение – это твой образ жизни**, когда ты не только песнями и словами, а всей своей жизнью прославляешь Бога и не за то, что Он может сделать, а за то, Кто Он есть. Когда я соприкоснулся с Иисусом в 2002 году, я сразу встретился со сверхъестественным Богом, именно такого Бога я до сих пор вижу внутри своей веры: Великий, Всемогущий, Всесильный, Большой, для Которого нет ничего невозможного. Я увидел, что в поклонении нужно равняться не на обстоятельства, не на чувства, не на то, что делают прочие люди, но на модель поклонения на небесах; другими словами – *"на земле, как и на небе"*.

В книге Исайи 6 главе описано поклонение на небесах: вокруг престола Господа находились серафимы; *у каждого из них по шести крыл: двумя закрывал каждый лицо свое, и двумя закрывал ноги свои, и двумя летал.* Заметьте, их поклонение было связано со **вниманием** и **голосом**: *И взывали они друг ко другу, и говорили: Свят, Свят, Свят Господь Саваоф! Вся земля полна славы Его!* Ангелы закрывали свои лица, потому что они не хотели привлекать никакого внимания к себе, но они направляли **все внимание на Бога** и голосами воздавали Ему всю хвалу.

Я не один раз замечал, что когда в собрании мы всю музыку, проповеди и песни, вообще все наши мысли и внимание направляем на Бога, то опускается Его присутствие и Бог начинает проявлять Себя. Он свят, и когда мы отдаем Ему все внимание и всю хвалу, все вокруг нас наполняется Его славой: тогда *поколебались верхи врат от гласа восклицающих, и дом наполнился курениями,* то есть Бог начал восседать на этом славословии. Представьте, что делает наша хвала и поклонение: **она влечет Бога к нам!** И чем больше наше поклонение, тем сильнее Его присутствие.

Бог не зря назвал нас Своим храмом. Он желает наполнить этот храм Своей славой, чтобы мы всегда были носителями Его присутствия! Поэтому я решил, что, несмотря ни на что, буду прославлять Его так, чтобы Его присутствие было со мной везде и всегда. Прямо в машине по дороге в церковь я принял решение, что не только в этом случае, но во все дни своей жизни, что бы ни произошло, какие бы ситуации, стрессы и давление я ни переживал, я буду поклоняться Богу за то, Кто Он есть: *"Ты – Господь! Ты Царь Славы! Ты достоин! Я буду славить Тебя за то, Кто Ты есть! Несмотря ни на что, я буду всей своей жизнью прославлять Тебя!"* За это состояние мы должны бороться каждый день, побеждая себя.

Я подъехал к церкви и остановился; я все еще был в Его присутствии и разговаривал с Ним в машине. Вдруг раздался звонок от Наташи:

– Пристегни ремни! – сказала она.

– Я и так пристегнут.

– Ты не поверишь…

– Поверю, говори, что там?

– Прямо сейчас я в своих руках держу твой "синий въездной документ".

– Что? Это невозможно! Каким образом? – спросил я, а она ответила:

– Я не знаю, он просто пришел по почте. Что интересно, я специально ещё раз зашла на сайт Вашингтона и компьютер показывает, что твой паспорт все еще у них, на первой стадии. Но я его сейчас держу в руках!

Я не смогу описать свое состояние в тот момент. Все, что могу добавить, так это то, что я снова соприкоснулся со сверхъестественным Богом.

На следующий день, в субботу, с самого утра позвонила мама моей жены. Она сказала, что в 7 утра в ее дверь постучал какой-то мужчина и протянул пакет. Когда она его распечатала – там был мой украинский паспорт с визой в Латвию. Мама сразу приехала и привезла мой паспорт. В то утро мы вместе склонили колени и возблагодарили Иисуса, нашего Живого, Великого, Всемогущего Бога, творящего чудеса.

Когда я встал с молитвы, Дух Святой проговорил ко мне: *"У тебя есть еще три дня успокоиться и приготовиться. Заказывай билеты и готовь Мое слово к Моему народу"*. Еще целых три дня! А ведь буквально пару дней назад у меня вообще ничего не было, а теперь я в руках держал все документы и еще целых три дня до вылета. Три дня, чтобы войти в полный покой, в состояние мира, продолжить поклоняться и пребывать с Богом, чтобы принести Его слово церкви, и открыть Бога с именем Чудный.

ГЛАВА 5
ДУХ ЖЕ ЯСНО ГОВОРИТ

После поездки в Латвию и чуда с паспортами я вернулся домой и начал усиленно молиться о том, чтобы Бог помог мне восстановить **все** документы. Прожив долгое время в Америке, у меня все еще не было вида на жительство (грин-карты). Представьте, когда мы въезжали в страну на постоянное место жительства мама предоставляла карточки с прививками для всех детей. Затем более 10 лет мы не могли найти мою справку прививок, чтобы оформить грин-карту. Все мои братья и сестры давно получили грин-карты и американские паспорта, они могли свободно передвигаться из страны и обратно, все, кроме меня. Мои сестры искали эту карточку везде, даже пробовали обращаться в Украину по месту жительства, чтобы восстановить эту справку, но нам отказали: у них не осталось никаких данных. Я понимал, что справка не могла просто так исчезнуть, она где-то лежала. Но столько лет прошло, мы уже столько искали, что трудно даже представить, как ее вообще возможно найти.

Я устал от этого стресса и начал молиться Богу: *"Отец, Ты призвал меня в народы. Ты посылаешь меня во многие страны и нации. Я прошу Тебя, помоги мне найти справку с прививками, чтобы я смог сделать паспорт и свободно летать".*

Прошло некоторое время. Я помню, как остался дома один и читал слово. Как обычно, это было мое время с Богом. Пришло сильное побуждение поклоняться Господу. Я включил прославление, ходил по комнате и славил Бога! Его присутствие наполнило атмосферу в доме и я начал просить Его, чтобы Он открыл мне Себя еще больше. Неожиданно внутри меня пришло необычное побуждение совершить вечерю. В тот момент я прямо почувствовал, что Дух Святой ведет меня к хлебопреломлению. Я понимаю, что у многих людей разный взгляд на то, что я сейчас описываю: кто-то считает, что хлебопреломление нужно делать один раз в месяц, кто-то считает, что это нужно делать чаще, кто-то, возможно, не сможет меня понять, но я почувствовал это побуждение совершить вечерю один у себя в доме.

Я все приготовил и молитвенно, поклоняясь Богу, совершил хлебопреломление, потом продолжил молиться и поклоняться Иисусу. Вдруг так громко и отчетливо я услышал голос внутри себя – никогда прежде так ясно я не слышал Его голос внутри: *"Встань на ноги"*. Я буквально вскочил с дивана. После этого я услышал: *"Повернись направо и иди в сторону серванта"*. Я посмотрел на большой шкаф с полками и подумал: *"Туда?"* Дух Святой ответил: *"Именно туда"*. Это было так необычно: делаю шаг и жду, что Бог скажет дальше... Итак, я подошел к шкафу и остановился. *"Иди в левую сторону к последним полкам"*. Я подошел. Бог сказал: *"Открой верхнюю полку"*. Я открыл и жду. Он продолжил: *"Найди там зеленую коробку"*. Я начал искать и там на самом деле была зеленая коробка! Голос Духа Святого сказал: *"Открывай"*. Я открыл ее и увидел много разных вещей. Бог говорит: *"Ищи там синюю книгу"*. Я начал перебирать все вещи и искать книгу, и на самом деле внизу коробки лежала синяя книга. Затем Он ясно сказал: *"Возьми ее и открой"*. Когда я открыл эту книгу, внутри я увидел свою желтую карточку с прививками.

Сложно описать мое состояние, которое я переживал в тот момент. Я помню, как сел на диван и просто не мог остановить слезы, это были слезы восхищения Божьим величием, слезы благодарности за то, кто Он есть, слезы радости, что Его голос настолько реальный. Я никогда не забуду тот день, потому что Дух Святой проговорил ко мне настолько ясно, детально направляя каждое мое движение. И снова Бог повел меня в Писания и сказал открыть *1-е Тимофею 4:1: "Дух же ясно говорит..."* Его голос реален, он должен стать приоритетом в наших взаимоотношениях с Ним, а Его слово – приоритетом всей нашей жизни.

Бог не молчит и в молитве важно не сколько часов ты отмолился, а смог ли ты услышать Бога. Я заметил, что **чем больше я пребываю в слове, тем яснее слышу Его голос** и соединяюсь с реальностью небес. Я настолько возлюбил Священные Писания, что они стали частью меня, частью того, кто я есть. Дух Святой животворит это слово во мне, я питаю себя им постоянно, чтобы вера Божья во мне возрастала.

Когда я оглядываюсь назад и смотрю на тот путь, которым вел меня Бог, я наблюдаю непростые моменты, процессы и целые сезоны в моей жизни, когда Бог Сам меня взращивал. И хотя дьявол постоянно пытался сбить меня и атаковать мое мышление негативными мыслями, Бог учил меня Его истине. Знаете, я заметил, что каждый раз, когда я уезжал в очередную поездку, у меня в доме начинались проблемы – то что-то поломается, то что-то случается. Бывало, что мои дети и жена лежали с высокой температурой и некому было приехать и просто помочь им. Я разрывался, служил людям, проповедовал о том, что Бог великий, а моя семья в это время болела.

Помню, как приехав из очередной поездки, я не имел покоя, началась сильная борьба внутри, хотел все оставить. Тогда я закрылся и стал вопиять: *"Бог, я не понимаю, что происходит. Я не хочу так служить. Я вижу, как из-за меня страдает вся моя семья. Они не жалуются, но я же вижу, что они под такими атаками врага… Бог, что происходит?"*

Тогда Дух Святой начал объяснять. Он напомнил мне один случай. После моей встречи с Богом, когда я стал сильно искать Бога (уединялся, постился, молился, служил людям), моя мама – я ни в коем случае не осуждаю ее – поделилась своим беспокойством, она так верила: *"Андрей, если ты будешь близко с Богом, то дьявол будет очень близко с тобой и твоей семьей. Побереги себя"*. Я ее услышал, но все же решил, что меня это не остановит – я все равно буду искать Бога всей своей жизнью до последнего дыхания. Однако ее слова оставили какой-то отпечаток в моем сознании.

Никогда не забуду, как Дух Святой сказал: *"Я показал тебе твой образ мышления. Ты принял слова человека о себе, которые произвели неправильную веру. Таковы твои мысли, поэтому дьявол наносит удары и в твоей семье происходит беспредел. Ты чего-то не знаешь"*. В тот момент я понял, что если вера неправильная, значит в той сфере будет жизнь неправильная: не такая, как задумал Бог.

Я увидел, что в нашем разуме насажены плевелы, через которые дьявол имеет доступ и издевается над людьми. Это могут быть неверные мысли о тебе, о других людях, и даже о Самом Боге! Люди попадают в яму обмана: многие глубоко в подсознании допускают мысль, что их проблемы начались после того, как они стали служить Богу.

Откуда у дьявола доступ? Бог показал мне, что в нашем подсознании многое насеяно людьми: опыты, случаи, предания, теории, убеждения, предрассудки – все это растения, которые не Отцом насажены, через это дьявол имеет доступ. Через незнание истины слова Божьего и недостаток откровения ты сам позволяешь дьяволу уничтожать тебя. Столько навязано учений от людей, которые чтут Его устами, уча постановлениям человеческим, а силы Божьей не знают.

Многие стали продуктом сомнений и неверия, потому что соприкасались с людьми, которые представляли Бога неверно. Ты борешься, не можешь понять, почему каждый раз, когда ты начинаешь служить или приближаться к Богу, у тебя начинаются проблемы, болезни, атаки. Вот где обман дьявола, он шепчет: *"Это все потому, что ты начал служить Богу. Не надо* приближаться к Богу, иначе в твоей жизни будут трудности. Побереги свою семью, не нужно ехать на миссию, иначе начнутся проблемы". Многие думают, что в этом Божья воля: Бог посылает нас служить и допускает болезни, то есть: "Паши на Меня, служи Мне, а Я тебя еще болезнями закидаю" – у многих такой образ Бога! Откуда это? Это – растения, которые не Отцом насаженные в твоем мышлении.

Бог сказал мне: "Неужели ты думаешь, что Я, Который образовал Вселенную и все что наполняет ее, Я, Который отдал за тебя Возлюбленного Сына и отобрал всю власть у дьявола, Я не могу защитить твой дом и твоих детей?? Я МОГУ! Во Мне вся власть, вся сила и все могущество. Но при всем этом, если ты не будешь менять свой образ мышления Моим словом, Я НЕ СМОГУ".

Дух Святой начал говорить мне, что обновить мое мышление будет нелегко, но это возможно. Я должен буду каждую негативную мысль, вопреки физическим обстоятельствам, направлять на то, что говорит Его слово. Другими словами, **всякое мышление мы должны пленять в послушание Христу**, жить от победы Иисуса, принимать все, что Он сделал на Голгофе и учиться торжествовать в Нем.

У меня началась битва, которая продолжается и по сегодняшний день, потому что еще столько сфер, которые я должен покорить в послушание Божьему слову. В те сферы моей жизни, где было что-то негативное, я стал провозглашать Божьи обетования, потому что Его слово есть истина. Может, в моей жизни не всегда все получается, но это не означает, что я проиграл. Я не сдаюсь, а продолжаю расти в силе и познании. Теперь перед отъездом я говорю своей жене: *"Я уезжаю, и верю, что у вас будет самое лучшее время. Бог даст вам такую благодать, даже больше, чем когда я дома"*.

Перемены в мою жизнь пришли не за один раз и не за один день, но я полностью наклонил свое сердце, чтобы не сообразовываться с мышлением этого века, но преобразовываться обновлением ума, чтобы познавать что есть воля Божья (Рим. 12:2). А Его воля для меня БЛАГАЯ! УГОДНАЯ! СОВЕРШЕННАЯ! Благая в каждой сфере! Если тебя под давлением и страхом заставляют смириться под волю Бога, это не Евангелие. Все что под насилием и давлением не является природой Бога. Бог хочет, чтобы мы доверились Ему и увидели, что Его воля о нас благая. Если мы не сможем увидеть волю Бога благой для нашей жизни, реально благой, мы по-настоящему, добровольно и сознательно никогда не сможем доверить себя Богу. Когда ты знаешь, что тебе блага желают, только тогда ты сможешь добровольно наклонить свою волю и сознательно выбирать этот путь.

Господь начал давать мне тексты Писания, чтобы я провозглашал их в свои обстоятельства каждый день:

— **Господь Пастырь мой, я ни в чем не буду нуждаться!**

— **Ни одно оружие, направленное против меня, не будет успешно!**

— **Се даю вам власть наступать на змей и скорпионов и ничто не повредит вам!**

— **Живущий под кровом Всевышнего под сенью**

Всемогущего покоится!

Я верю в очень большого Бога и очень маленького дьявола, а не наоборот! Мы должны понять, что Иисус отобрал всю власть у Люцифера. У дьявола больше нет никакой власти вообще! Теперь власть на земле отдана тебе. Иисус сказал: *"Се даю вам власть наступать на змей и скорпионов и на всю силу вражью и ничто не повредит вам"*. Змей – это дух обмана, на него нужно наступать. Там, где ты был обманут дьяволом, ты должен наступать. Поэтому каждый день начинай провозглашать:

"Господь Пастырь мой, я ни в чем не буду нуждаться, Он покоит меня на злачных пажитях, Он водит меня к водам тихим. Благость и милость сопровождают меня каждый день моей жизни. Благословен я при входе и выходе, благословенны дела рук моих, мое здоровье, мое тело, моя жена, мои дети, мой дом... Я дерево, посаженное у потоков вод. Во всем, что я делаю, я успеваю, и принесу плод во время свое".

Нам нужно научиться в своей жизни наступать на дух обмана и искоренять все человеческое, все, что не Отцом насаждено. Мы должны заботиться о том, чтобы иметь Бога в своем разуме и настолько питать себя словом, чтобы слово становилось плотью внутри нас и формировало наше мышление. Позвольте мне добавить еще пару обетований:

"За посрамление Бог воздаст тебе вдвое! Вместо плача – елей радости. Вместо унылого духа – светлая одежда. Бог сделает тебя светом народов, чтобы спасение Его простерлось до концов земли!"

Я хочу дать вам **домашнее задание:** каждую негативную мысль гоните вон! Вместо нее провозглашайте обетования Божьи. Принимайте Божье слово в свою жизнь, а всякую мысль, не соответствующую Его слову, выгоняйте вон! Пусть ваши уста говорят **одно с небесами**!

Дух же ясно говорит, и это то, во что я верю...

ГЛАВА 6
МЫ ВАС ЖДЕМ ЦЕЛЫЙ ДЕНЬ

Меня часто спрашивают: *"Ты веришь в чудеса?"*
Я отвечаю: *"Нет. Я верю в Бога, который творит чудеса"*.

Я ищу Его, Он – Источник всего. Все чудеса в моей жизни связаны с моим познанием Бога. Все мое понимание духовного мира связано с моим познанием Бога. Бог настолько многогранен, и так мало мы Его познаем! Ищите Бога, не ищите чудес. Ищущим Его Он обязательно воздает, открывая Свою реальность и силу. Только Он способен правильно настроить твой взгляд на все видимое и невидимое. Чем больше ты пребываешь в Нем, тем больше укрепляешься могуществом силы Его. Тогда, столкнувшись с обстоятельствами жизни, ты сможешь с дерзновением сказать: *"Кто ты, страх? Кто ты, депрессия? Кто ты, Голиаф? Кто ты, необрезанный, который поносит войско Бога живого?"*

Такой была реакция Давида на великана Голиафа. Знакомая с детства история. Что интересно, Голиаф в тот момент никого не убил, а просто выставлял себя в течение 40 дней, выкрикивая угрозы утром и вечером.

Чем больше израильтяне смотрели на него, тем сильнее ими овладевал страх и ужас. Там был Саул и тысячи воинов, которые друг перед другом копьями махать научились, а вот человека веры среди них не оказалось… Какими бы сильными эти воины ни были, их вера была подавлена страхом. Вера приходит от слышания, независимо от того позитивны эти слова или негативны.

А Бог наблюдал за всем, что происходило. Когда Голиаф кричал *"Дайте мне человека"*, мне кажется, что Господь с неба смеялся: *"Ты хочешь посрамить Мой народ, Голиаф? Хочешь человека? Нет проблем, у Меня есть человек. Молодые люди, которые укрепляются и растут в Моем присутствии, поэтому не отравлены страхом; это Мое поколение людей, у которых другой образ мышления"*.

В тот момент Бог буквально позвал Давида из Своего присутствия и отправил в военный стан разрешить ситуацию с Голиафом. Раньше Давид просто пас овец, но в полях у него уже были свои подвиги с Богом: побеждал льва, медведя, волка, воспевал хвалу Богу, молился, сочинял псалмы, пребывал каждый день в Его присутствии, укрепляясь духом. Как только он пришел к братьям в стан и услышал возгласы Голиафа – реакция его была совершенно другой, в отличие от всей армии Израиля: *"Кто этот необрезанный, что так поносит воинство Бога живого?!"* А все потому, что Давид пришел на поле битвы из присутствия Божьего, его внимание так и оставалось на Боге, а не на силе врага. Он озвучил то, что видел: он видел Голиафа уже побежденным. Поэтому Давид так смело высвободил пророческое слово и сказал: "*Я иду против тебя во имя Господа Саваофа. Считай, что я тебя уже убил. Сейчас я сниму с тебя голову и отдам твой труп зверям полевым...*" *(1Цар. 17:45-46)* Представьте удивление и шок Голиафа: "*В жизни не слышал таких слов в свой адрес! Что ты за кучерявое создание такое? Откуда ты вообще взялся?*" Прямо от Бога. Давид был послан Богом со словом внутри.

Провозгласив слово, он взял камень и запустил его в Голиафа. Все остальное – результат слова: ангелы направляли траекторию полета, чтобы камень поразил врага в голову. **Заметьте, камню проложило путь пророческое слово.** *Сам Бог приводит в исполнение изречение Своих посланников (Исаия 44:26).* Вдруг Голиаф упал и слово, произнесенное Давидом, исполнилось. Аллилуйя!

Важно понять, что это прообраз для нашего времени: Иисус является Словом, но Он и камень отверженный, и написано, что на кого этот камень упадет, того раздавит. Духовный мир не умирает, и война продолжается, те же самые бесы, которые стояли за Голиафом, сегодня оперируют в нашем мире. Брань наша не против крови и плоти (Еф. 6:12). Этот "Голиаф" сегодня сделал вызов Божьему народу и открыл такую пасть, что поработил очень многих: всевозможные виды рака, ужасные немощи и болезни, зависимости, страх, похоть, депрессия, разводы, насилие, гнев, уныние... В нашем поколении в каждой семье, в каждой судьбе есть свой "Голиаф".

Мое сердце кричит, потому что многие верующие видят перед собой только большого "Голиафа" и перестали видеть большого Бога. Я на самом деле верю в то, что когда ты соединен с Духом Божьим, ты будешь вести другой образ жизни! И чем сильнее соединение, тем реальней Его сущность в тебе и через тебя. Тогда неважно, какой величины "Голиаф", ведь тебе дана власть наступать на змей и скорпионов и ничто не повредит тебе.

Будучи молодежным пастором, я помню, как мы с друзьями провели целую неделю на конференции исцеления в Рединге, штат Калифорния. Все это время мы пребывали в слове и поклонении, наполнялись присутствием Божьим. Перед отъездом мы собрались в небольшом кафе, чтобы еще пообщаться и вместе позавтракать. Стояла прекрасная погода. Расположившись за столиком на улице, мы смеялись, вспоминали конференцию, делились впечатлениями и откровениями. И прямо там мы начали переживать Божье присутствие настолько сильно, что появилось огромное желание кому-то послужить. Взявшись за руки, мы начали в согласии просить Бога послать нам человека, который нуждался в Нем.

Сразу после молитвы на парковку подъехала машина. Из нее вышел мужчина средних лет. Он шел по направлению к кафе и сильно хромал, а его нога была обтянута ортопедическим корсетом. Как ни странно, но мы стали смеяться, потому реально обрадовались ему, ведь Бог сразу ответил на молитву. Мы начали звать этого человека:

– Эй, друг, иди сюда!

Мужчина остановился и сердито посмотрел на нас,

затем потихоньку начал ковылять в нашу сторону. Мы не стали дожидаться, а выскочили из-за стола и подбежали к нему:

– Добрый день. Можно спросить, что у вас с ногой?

– Ничего особенного, – резко пробормотал он, – небольшая травма, да и только.

Тогда мы сказали:

– Не поймите нас неправильно: мы хотим вам помочь. Мы верующие люди. Только что мы просили Бога о том, чтобы Он послал нам человека, которого хочет исцелить. Разрешите нам помолиться за вашу ногу!

– Не за ногу надо молиться! Это всё ерунда! Молитесь лучше за руку!

Выпалив эти слова, он протянул нам свою руку и попросил к ней не прикасаться. От увиденного мы просто замерли в шоке: рука была сильно опухшей, красно-сине-желтого цвета, кроме того, две центральные пястные кости на кисти вышли из суставов и торчали с другой стороны ладони. В общем жуть!

Кто-то спросил:

– А что случилось с рукой?

Мужчина стал рассказывать, что вместе с женой едет из штата Орегон в Лос-Анджелес. Его машина по пути несколько раз ломалась. На одном из перевалов, когда она в очередной раз заглохла, он настолько разозлился, что не выдержал и со всей мочи ударил по ней кулаком. Так при ударе он вышиб две кости на кулаке, рука сильно опухла, что даже пальцы он не мог согнуть. Его кулак выглядел как надутая резиновая перчатка. Было заметно, что он испытывал очень сильную боль.

Мы понимали, что Бог послал нам этого человека, чтобы сделать чудо в его жизни. Мы протянули руки и, аккуратно покрывая его ладонь снизу и сверху, начали молиться. *"Дух Святой, – говорил я, – спасибо за все, что Ты сейчас делаешь"*. Во время молитвы внутри наших ладоней появился жар и как огненный шар окутал его кисть. Переглянувшись, мы рассмеялись, да так что у некоторых покатились слезы, только поймите, что это был не обычный смех – это было сильное переживание присутствия и помазания Духа Святого. А мужчина не мог понять, что происходит. Он тоже по всей руке ощущал сильный жар. Затем он вскрикнул от неожиданности, почувствовав, как кто-то иголкой пробил его опухоль. И прямо на наших глазах опухоль стала уменьшаться и исчезать. Мужчина широко раскрыл глаза и замер от удивления, а мы стали осторожно прижимать свои руки к его руке и услышали, как в запястье пошел хруст. Я прямо ощутил своей ладонью, как пястные кости стали двигаться и становиться на свое место. Тут мужчина вырвал руку и поднял невероятный крик:

– Моя рука! Моя рука! Мне не больно! Мне не больно! Бог меня исцелил!

Он начал сжимать и разжимать пальцы и кричать, что боль ушла. Это было сверхъестественное вмешательство силы Божьей в его жизнь. В тот момент мы сказали ему:

– А теперь снимай свой бандаж с ноги.

Когда он его расстегнул, то почувствовал, что нога

больше не болит. Представьте, за ногу мы даже не молились, Бог Сам полностью исцелил его тело. Вы даже не представляете, как этот мужчина начал от радости кричать, прыгать и танцевать. Его жена выскочила и подбежала к нам. Все это время она наблюдала за нами, сидя в машине. Когда она поняла, что произошло, то сильно расплакалась. А мужчина радовался, двигая кистью и подпрыгивая. Мы тоже радовались. В тот самый момент Бог начал давать нам слово знания об этом человеке и открывать тайное.

– Что произошло, когда тебе было 6 лет? – спросили мы.

От такого вопроса мужчина замер, а потом из его глаз полились слезы. Дальше Дух Святой открыл, что случившееся связано с отцом. *"Откуда вы это знаете?"* – вымолвил он. Оказывается, что, когда ему было 6 лет, во Вьетнаме началась война, его отец записался добровольцем. Когда мальчик узнал, он со слезами умолял папу не уезжать, но тот грубо отреагировал, сказав, что это – его долг перед страной. Будучи ребенком, он поклялся себе, что не простит папу никогда. Его отец больше не вернулся, быв застрелен в одном из сражений. Так он с детских лет жил с обидой на отца, а также с обидой на Бога, потому что "Бог допустил, что убили его папу".

Знаете, что происходит, когда человек не прощает? Он закрывает над собой небо, которое открыл нам Иисус (Ин.1:57). Писание ясно говорит, что если мы не будем прощать, то и Отец наш Небесный не простит нам согрешений наших (Матф.6:15). *А представьте, если человек годами не прощает? Что происходит?* Как бы он ни молился, но все, совершенное им в течение дня, не было отпущено небесами, все это зависает над его жизнью; с каждым днем этот огромный комок непрощения, как "Голиаф", становится все больше, начиная поражать человека изнутри. Многие стараются жить христианской жизнью, но из-за непрощения эти люди под страшной тяжестью и небеса для них закрыты, отсюда рождаются многие болезни, агрессия, депрессия, самоубийства, томление...

По себе знаю, насколько трудно прощать. В моей жизни были люди, которые причиняли мне зло. Я их прощал, и небо было открыто, однако душе все равно было очень больно. *Знаете, что я делал?* Я в каждой молитве называл имена этих людей и снова прощал, а потом благословлял их. Вскоре я даже не заметил, как меня их поступки перестали волновать. Поэтому я спокойно мог смотреть в глаза этим людям и делать добро, потому что не просто простил, а даже негативных чувств не осталось. Такой молитвой вы исцеляете себя и активизируете благословение в свою жизнь. Поэтому, друзья, **живите так, чтобы небеса всегда были открытым в вашей судьбе.**

Более 50 лет этот мужчина жил с обидой. Из-за горечи в сердце он был очень ожесточенным человеком; страдал и он, и его семья – об этом впоследствии рассказала нам его жена. Дух Святой открыл все это, чтобы освободить его душу. Этот мужчина осознал, что обвинял Бога во всех своих напастях, хотя никогда по-настоящему не имел встречи с Господом, не знал Его вообще. Он понял это и отпустил всякую обиду на Бога. Мы начали молиться и сказали, что ему нужно простить отца. Мужчину стало трясти, он сильно кричал и плакал, а мы плакали вместе с ним и просили: *"Прости своего отца, отпусти его, отпусти всякую обиду в руки Иисуса"*. В молитве он смог назвать отца по имени и несколько раз повторил: *"Папа, я прощаю тебя"*. Как только он произнес эту фразу, то рухнул на землю. Дух непрощения, который столько лет держал его в плену, вышел и покинул его навсегда. Поднявшись, мужчина сразу обнял свою жену. Мы начали молиться за них обоих и вести их в молитве покаяния. В то утро они приняли Иисуса в свои сердца и навсегда отдали себя Богу. Аллилуйя!

Все это было только началом чудес в тот день... Возвратившись в Сакраменто, мы решили собраться вечером и продолжить молиться за прохожих. Я точно знаю, что когда мы отделяем себя для Бога, предоставляя свое время, Бог освящает то время. Когда ты говоришь *"я встану в 5 часов утра молиться..."*, смотри не проспи, потому что Дух Святой запечатлел это время, для Него это важно, и Он будет ждать тебя в том времени! Итак, мы назначили время, чтобы служить людям.

В 5 часов вечера мы приехали с друзьями на большую парковку у супермаркета "Сэйфвей". На торговой площади было много магазинов и ресторанов и всегда много прохожих. Припарковавшись, я сразу обратил внимание на белую Хонду, которая стояла напротив нас, там сидели парень и девушка. Когда мы вышли из машин, то разделившись по 2-3 человека, уже собрались расходиться служить прохожим. Не успел я отойти, как парень из той белой машины позвал меня:

— Эй, ты! Иди сюда!

– Ты ко мне обращаешься? – переспросил я.

– Да-да, к тебе, иди сюда. Мы целый день вас ждем!

– Прости, что? Кого вы ждете целый день?

– Вас ждем.

Я посмотрел на него внимательно и ответил:

– Ты ничего не напутал? Я первый раз тебя вижу и в этой части города вообще впервые.

В это время из машины вышла девушка и тоже подошла к нам. Я спросил их, кто они и почему они нас ждали. Их ответ просто поразил меня:

– Мы ждем вас, чтобы принять Иисуса Христа в свою жизнь. Что нам нужно для этого сделать?

Такого в моей жизни никогда раньше не случалось! В этом было чудо, и сценарий этой встречи был написан Самим Богом. Получается, что эти ребята сверхъестественным образом знали, что кто-то должен был приехать именно на ту парковку и помочь им. Мы даже не проповедовали им, а сразу повели их в молитве покаяния. Парень с девушкой приняли Иисуса Христа как личного Спасителя, а потом Бог начал давать слово знания и мы стали служить им. Они запутались в жизни и были в очень сложной ситуации. Вдруг я резко повернул голову и увидел женщину, которая шла по парковке и везла девочку-подростка в инвалидной коляске. Дух Святой сказал: *"Оставь все и иди молись за девочку"*.

Мы с братом подошли к женщине и поздоровались, а наши ребята продолжили служить той паре. Я спросил у женщины, что произошло с ее дочкой. Она рассказала, что несколько лет назад они попали в автокатастрофу и с тех пор девочка не может ходить. Ребенку было лет 12, а рядом стояла ее младшая сестричка лет пяти. Я сказал: *"Не удивляйтесь тому, что задаю такие вопросы. Мы верующие люди и служим великому Богу, который творит чудеса"*. Потом я рассказал, что в то самое утро Бог совершил реальное чудо в жизни мужчины и полностью исцелил его. Я видел, как ее глаза сияли от восхищения, поэтому я спросил:

– Разрешите, мы помолимся за вашу дочку?

– Конечно, молитесь, если хотите. Но за нее уже столько верующих людей молилось и все безрезультатно: ничего не поменялось.

Я видел, что женщина была открыта, хотя сама не верила, что в ее жизни может произойти чудо.

– Молитв много не бывает, – сказал я ей, – если Бог послал нас, значит Он хочет сделать чудо в вашей жизни.

Мы возложили руки на девочку и стали молиться. Я снова ощутил огонь, который через мои руки стал проходить по телу девочки, так что она содрогалась.

Я спросил ее:

– Что ты чувствуешь?

– Я чувствую, как в моих ногах стреляет электричество.

Мои ладони просто горели, я снова возложил на нее руки и увидел, что теперь ноги девочки начали дрожать. Она воскликнула:

– Пошел жар прямо по ногам! Я чувствую огонь! Он становится сильнее и сильнее!

Я успокоил ее и сказал:

– Это хороший знак, теперь давай пробовать вставать.

Она ухватилась за мои руки, и я поднял ее с коляски. Секунд 20 она простояла сама, а затем снова упала в коляску. Мы продолжили молиться. Девочка стала кричать:

– Еще сильнее стреляет в ногах и еще сильнее огонь...

– Тогда давай вставать еще раз.

Я снова поднял ее, в этот раз девочка простояла около минуты. Ее тело время от времени содрагалось. Взяв ее аккуратно под руки, я сказал:

– Теперь давай пробовать шагать.

Девочка полностью опиралась на мои руки и вдруг она начала двигать ногой и сделала маленький шаг, потом другой... С каждым новым движением ее шаги становились все увереннее и увереннее. Вскоре я отпустил руки и она зашагала сама без чьей-либо помощи. Позади нее шла мама и везла пустую инвалидную коляску, мама очень сильно плакала, плакала и маленькая сестричка. А я переспросил их:

– Она могла так делать раньше?

– Нет, ты что! После аварии никогда! – ответила женщина.

В тот момент я обратил внимание, что вокруг нас на парковке собирались люди. Это и понятно, не часто можно увидеть, чтобы на улице молились за человека в инвалидной коляске. На глазах многих людей были слезы. Ко мне подошли ребята из команды, и мы начали благодарить Бога за чудо. А люди один за другим стали подходить и просить, чтобы мы помолились за них. В общем в тот вечер мы буквально оккупировали парковку возле магазина "Сейфвей" и почти до полуночи служили там людям.

Когда стемнело, подъехало несколько машин с молодежью. Своим видом они напоминали неформалов. Приблизившись к нам, ребята стали наблюдать, а потом спросили:

— Можно мы с вами тоже будем молиться?

— О, а вы тоже верующие христиане? — спросили мы.

— Нет, но мы тоже духовные.

Затем они стали рассказывать, что тоже верят и что Бог — это смешение энергии, духов и так далее и тому подобное. Они были из движения "Нью Эйдж" и направлялись на фестиваль в Орегон, а на торговой площади оказались случайно.

Тогда мы сказали:

— Ребята, мы верим, что Иисус — единственный путь к Богу. Он умер за грехи всех нас, чтобы примирить с Собой.

Они дружно ответили:

— Да, мы знаем и тоже в Иисуса верим, мы верим во все сверхъестественное.

Похоже, что у них все смешалось. Мы не стали спорить или что-либо доказывать. В конце концов они сами хотели помолиться, поэтому мы сказали:

— Давайте мы будем молиться и просить, чтобы Иисус Сам открылся вам сейчас.

Мы образовали круг и взялись за руки. Рядом со мной стояла девушка, которая вела себя весьма дерзко, похоже, что она была заводилой в той толпе молодежи. Как только мы стали молиться, у нее начались демонические проявления. Я спросил, что с ней произошло и чем она занималась. Оказалось, что она погрязла в оккультизме, потом она стала открыто говорить:

— Я так устала от этого состояния, меня что-то мучает и я постоянно испытываю страх.

Я ответил:

— Мы можем тебя освободить, но если ты не поменяешь господство в своей жизни, то потом ты можешь прийти еще в худшее состояние. Тебе нужно поменять господина, тебе нужен Иисус, только Он может навести порядок и сохранить тебя в этой свободе. Если ты согласна, то можешь принять Иисуса прямо сейчас и мы будем за тебя молиться.

Она согласилась и от сердца повторила молитву покаяния. Потом мы стали молиться за ее освобождение. А ее друзья в ужасе смотрели на демонические проявления, которые были у нее. Эти ребята сами дрожали во время молитвы и говорили, что та сила, которая в нас, намного сильнее того, с чем они когда-либо встречались… Бог полностью освободил ту девушку. После чего мы спросили: *"У кого-то из вас есть боль в ноге?"* Один парень ответил: *"Да, у меня"*. Мы помолились, и Бог его исцелил. Когда происходит Богоявление и люди соприкасаются с реальностью Бога, высвобождается страх Божий. У них был и страх, и шок от всего увиденного. Мы стали свидетельствовать, что это не наша сила, но сила Иисуса Христа, Сына Божьего и спросили:

— Вы хотите покаяться в грехах и принять Иисуса в свое сердце?

— Да! — ответили они дружно.

Тогда мы повели их в молитве покаяния, они исповедали Иисуса Христа своим Господом. Бог вмешался в их планы и все поменял. Слава Ему!

Скажу откровенно, в тот день я больше всех удивлялся величию Бога, я по-новому познавал Его. Интересно, что одно из значений слова *познавать* — это удивлять. Поэтому чем больше ты познаешь Бога, тем сильнее будешь удивляться Ему. Только представьте, что для Него нет ничего невозможного. Он может сделать несравненно больше всего, о чем мы просим и о чем помышляем.

Я знаю, что найдутся люди, которые скажут: *"Андрей, ну что у тебя все исцеляются?"* Нет, пока не все, но я не опускаю руки и не успокаиваюсь. Слышите, я все равно верю, что Бог сильнее, что Он освобождает, что Он Бог Чудный. Я все равно верю, что Его сила во мне. Когда я молюсь за больных и кто-то не исцеляется, для меня это не момент разочарования. Это момент ревности! В сфере духа другой язык, другими словами, Бог зовет меня и говорит: *"Возвращайся в тайную комнату. Разные болезни имеют разную силу, тебе нужна еще большая сила. Поэтому пребывай в слове еще больше. Инвестируй туда время, укрепляйся духом, чтобы взять верх над этой немощью в духовном мире, а потом выходи и наступай на всю вражью силу".*

Я верю, что уверовавших будут сопровождать сии знамения... Я все равно верю, что мы будем изгонять бесов даже из тех людей, из которых другие выгнать не могут. Я все равно верю, что люди с колясок будут подниматься! Я верю, что ноги будут вырастать, что больные с рождения калеки будут исцеляться! Я верю, что мертвые будут воскресать! Никакая болезнь не устоит перед силой Божьей! Вы скажете: *Когда же это будет?!* Я буду возвращаться в тайную комнату, класть слово Божье перед глазами моими и наполнять себя им до тех пор, пока не станет больше Бога через меня. Я буду соединяться с Духом Святым, чтобы Он жил через меня. Мы будем поститься, молиться, пребывать в слове, а потом наступать и поражать всякого "Голиафа". Мы – то поколение, которое перевернет эту землю, *люди безумны Христа ради*. Мы выступим со словом Божьим и будем творить невозможное. Мы станем устами Господа Саваофа на этой земле и не умрем, доколе не увидим Царство Божие, пришедшее в силе!

ГЛАВА 7

НОЧЬ, КОТОРУЮ Я НЕ ЗАБУДУ

В своей жизни я видел много чудес и свидетельств славы Божьей. Но мне так важно показать вам, что они связаны не просто со служением Богу, но с угождением Самому Богу, ведь служение и угождение – не одно и то же. Когда мы говорим о служении, мы имеем в виду труд, который мы выполняем для Бога и Его Царства. А угождение Богу связано с послушанием Ему, тогда ты позволяешь Богу совершать служение через тебя.

Это нормально, если человек хочет что-то делать для Господа. Однако бывает так много занятости, проектов, служений, угождений людям, что отсутствует самое главное – угождение Самому Богу. Далеко не все служители, которые молятся и проповедуют на сцене, угождают Самому Богу. Да-да, сегодня многие могут красиво говорить, мотивировать, создавать мегапроекты и движения, но это не говорит о том, что они всецело преданы Богу и исполняют волю Отца. Господь возможно использует их частично, но та полнота Его силы и помазания, определенная для их жизни никогда не будет высвобождена, если не будет близких отношений с Богом и повиновения Ему как Господу. **Мера помазания высвобождается на меру подчинения.**

Именно за это состояние идет борьба, ведь чтобы угождать, нужно знать Его голос, быть чутким к Нему, уметь останавливаться, искать Его волю, постоянно познавать Его и понимать, что Он хочет делать в данный момент. Можно совершать великие дела, но не быть внимательным к Самому Богу. Я просто слышу в своем духе голос Духа Святого: *"Неужели ты думаешь, что твои проекты, жертвы и служение для Меня намного важнее, чем послушание и единение со Мной? Для Меня так важно, чтобы ты был со Мной, слышал Меня, был предан Мне! Тогда Я бы мог исполнять Свою волю через твои руки, ноги, через твой голос, твою жизнь".* Загляни внутрь себя: *что важнее для тебя служение или угождение?* Одно привлекает внимание людей, другое – внимание Самого Бога!

Мне нравится Давид, этот человек был по сердцу Господа. Он остался верным до конца, послужив Божьим целям, так что Сам Бог свидетельствует о нем: *"нашел Я человека, который исполнит все хотения Мои"* (Деян.13:22). Я вижу, что Давид, будучи царем, не был рабом титула и не был рабом царства; он был рабом Самого Бога, поэтому позволял Богу царствовать через него. Есть место Писания, в котором Давид буквально раскрывает секрет того, как ему это удалось: *"видел я пред собою Господа всегда, ибо Он одесную меня, дабы я не поколебался"* (Пс. 15:8). Другими словами, Давид говорит: *"Я ВСЕГДА был внимателен к Богу, я ВСЕГДА держал свой взгляд на Нем, я ВСЕГДА видел Его перед собой, поэтому дошел до конца верным Богу".*

Полное посвящение и все внимание на Боге – это цель моих взаимоотношений с Ним, где сущность Бога и Его помазание могут в полной мере оперировать в моей жизни. Такое состояние потребует жертв, постов, молитв, пребывания в Нем. Это место Гефсиманского сада в твоей жизни, где ты будешь умирать для себя, чтобы природа Бога в тебе возрастала; твой дух будет сокрушен, чтобы дать место Духу Святому… И чем больше ты будешь отдавать себя Богу, тем больше Он будет проявлять Свою сущность и совершать Свое служение через тебя. А когда Бог совершает Свое служение через тебя, ты обязательно становишься свидетелем Его великой славы и сверхъестественных проявлений. Именно об этом я хочу делиться с вами в этой главе и передать те уроки, которые преподал мне Сам Бог: Он учил меня быть очень внимательным к Нему, не игнорировать Его голос и видеть Его перед собой ВСЕГДА.

Я помню, как в 2002 году у меня произошла сверхъестественная встреча с Иисусом: я видел Его лицом к лицу, и Он вдыхал в меня Свое дыхание. Через все мое тело проходил огонь Духа Святого. Я весь трепетал, а Он сказал мне: *"Придет время, Я пошлю тебя по всему лицу земли, ты пойдешь в народы, ты понесешь Мой огонь и Мое помазание…"* Я был очень захвачен этим видением. Часто во снах и молитвах я видел стадионы и большое количество людей, которым я служу. Я понимал, что Бог призвал меня именно к такому служению. Я хочу сказать искренне: мне сильно хотелось крусейдов и мегапроектов.

Долгое время я служил молодежным пастором в церкви, где покаялся и возрастал. Но я с нетерпением ожидал, когда же Бог начнет совершать это видение в моей жизни. К нам в церковь часто приезжал один служитель из Южной Африки. Мы много общались и каждый раз, когда он виделся со мной, он молился и пророчествовал мне о том, что Бог призвал меня в народы. Он говорил, что на мне помазание, что Бог будет творить чудеса и освобождать людей через меня. После всех этих пророчеств он постоянно приглашал меня к себе в страну проводить там крусейды.

Я помню, как в очередной раз он прилетел в Америку и посетил нашу церковь. Этот служитель опять молился за меня, ободрил и снова предложил мне приехать в ЮАР, чтобы сделать совместный крусейд на стадионе. Признаюсь честно: в тот момент я не молился, не спрашивал, видит ли Бог меня там – я же знал, что Господь призвал меня к такому служению, поэтому согласился и еще больше загорелся этим желанием. Мы начали планирование и подготовку. Я постоянно созванивался с этим пастором из Южной Африки, и мы обговаривали структуру и детали, как все будет происходить. Он рассказывал мне о том, как шла организация с его стороны, а я отсылал ему деньги для очередного этапа работы. У меня не было опыта проведения крусейдов вообще, поэтому я во всем полагался на этого служителя, в том числе и в финансовых вопросах.

Для меня этот крусейд стоил огромных финансов, таких денег у меня, конечно, не было. Поэтому, когда меня приглашали проповедовать в других церквах, я

использовал возможность, чтобы рассказать людям о
предстоящем крусейде в Южной Африке. Я искренно
верил, что Бог хочет совершать там великие дела,
поэтому открыто говорил о том, во что сам верил и
очень сильно этого хотел. Помню, как в одном городе я
служил на трех служениях: утром, в обед и вечером.
Люди сами подходили ко мне и жертвовали финансы на
крусейд – так появилась небольшая сумма для поездки в
Африку. Вернувшись домой, я решил спрятать эти
деньги в кармане своего пиджака, который висел в
стенном шкафу. В ту же ночь мне приснился сон: я
увидел, как в мой дом ворвались темнокожие люди во
всем черном и начали рыться в нем, переворачивая все
вверх дном. Казалось, что они искали что-то
конкретное. Они ничего не брали, пока не добрались до
шкафа с моей одеждой. Там они нашли пиджак,
вытащили оттуда деньги и исчезли из моего дома.

Как только я открыл глаза, внутри меня появилось
конкретное слово знания, что меня подставят. Я
понимал, что Бог предупреждал меня, показывая в
ночном видении, что меня кинут на деньги. Внутри
зародилась тревога, но я не придал этому значение. *"Я
сильно хочу, я искренно хочу, чтобы меня не кинули, я
хочу исполнять Божье виденье обо мне, я хочу крусейд"*.
Кроме того, я уже сделал рекламу в интернете, что в
Африке состоится крусейд на 20-25 тысяч человек.
Процесс подготовки уже шел полным ходом, стали
подключаться люди и жертвовать финансы на этот
проект. *"Я хочу крусейд, Бог, Ты обещал мне, Ты реально
обещал мне крусейд, как Ты обещал Аврааму Исаака"*.

Через время меня пригласили проповедовать еще в одну

церковь в штате Вашингтон. Я служил и молился за людей, и снова люди жертвовали финансы для Африки. В то воскресенье я провел три служения и был так занят, что ничего не ел целый день. Освободившись только к вечеру, я попросил своего друга отвезти меня куда-нибудь перекусить. Нужно сказать, что я везде путешествовал с небольшой сумкой, куда помещалась моя Библия, iPad, и туда же я положил собранные для Африки деньги. Мы приехали в ресторан, поужинали, а затем направились к машине, чтобы ехать в гостиницу. Выйдя на парковку, я вдруг заметил, что в нашей машине разбито стекло. Интересно, что все остальные машины вокруг были в порядке. Мы заглянули внутрь: все на местах, кроме моей сумки – ее украли. Украли сумку, где были деньги для Африки! Я застыл на месте и в одно мгновение перед глазами всплыл тот сон… Меня как будто окатили холодной водой.

Я сел в машину и понимаю, что это второй сигнал – со мной снова заговорил Бог: *"Андрей, Я говорил тебе изнутри, теперь говорю извне через ситуации: не делай этого!"*

Но все уже запущено и обговорено, и я верю и очень этого хочу!

Я вернулся домой, и сразу мне начали звонить знакомые, даже с других штатов, и предлагали подарить новый iPad, сумку, а также Библию. Я не знаю, как они обо всем узнали, но в течение нескольких дней Бог вернул мне все вещи. Это было настолько удивительно! Единственное, что меня волновало – это украденные финансы, какая бы ни была сумма, но эти деньги предназначались для крусейда.

Пришло время собирать чемоданы и лететь в Африку. В видимом мире, казалось, все устраивается довольно хорошо. Со мной летела еще небольшая команда: видеооператор и мой друг миссионер. С финансами тоже все сложилось: буквально перед самым вылетом я открыл почту и обнаружил чек именно на ту сумму денег, которой не хватало. Бог все равно дал мне деньги на Африку: *"Хочешь – НА, пожалуйста"*. И хотя внешне как бы все складывалось хорошо, внутри нарастало какое-то беспокойство. Я не знал, что ждет меня там, что ждет мое я.

Мы прилетели в Йоханнесбург, ЮАР, нас встретил служитель со своим помощником и сразу же огласил, что срочно нужно перевести некую сумму денег в Дурбан, город, откуда машина транспортировала сцену, свет, аппаратуру и все снаряжения для крусейда. Мы поехали в банк и попытались отправить деньги, но система банка не позволяла произвести перевод. Мы нашли второй банк, попытались положить деньги и переправить, но банк нам снова отказал. У меня в голове крутились разные мысли, я ощущал, как Бог закрывает двери и пытается меня остановить. Но нет, мы едем в третий банк, там происходит то же самое, причем какие-то странные объяснения в каждом банке: *"Мы не можем переправить деньги, сами не знаем почему, но что-то не срабатывает в системе"*. После всего мы все-таки нашли способ и через какую-то компанию отправили деньги в Дурбан. Когда я отдавал деньги, я чувствовал, что раздвоился внутри: я делал то, что не хотел делать…

Крусейд должен был проходить в городе Ньюкасел, это несколько часов езды от Йоханесбурга. Мы приехали туда, и я сразу попросил, чтобы меня отвезли на стадион. Однако тот служитель придумывал различные истории и отговорки, так что меня возили на какие-то радиостанции и встречи. Все было как-то мутно и непонятно.

Вечером в день крусейда мы собрались и наконец-то приехали на стадион. Меня ждала ужасная картина: ни одно обещание со стороны этого служителя не было выполнено и ничего не было организовано. Из всего, что мы планировали и о чем договаривались, даже 3% не сделано: ни сцены, ни света; аппаратура не та; и очень мало людей: может человек 100 из местных общин города. А вложено столько денег, времени, сил, подготовки, доверия людей; в интернете столько распространённой информации о том, что на стадионе будет крусейд и соберется 20-25 тысяч человек! Вот пришел день крусейда, а там вообще ничего не происходило. Я даже из машины не вышел, просто смотрел на все и понимал, что меня реально кинули. К машине подошел этот организатор, который меня пригласил, я открыл окно и говорю: *"Что это???"* А он как-то странно посмотрел на меня и с улыбкой ответил: *"Все хорошо, Андрей, радуйся, завтра будет новый день"*.

У меня все взорвалось внутри, мне реально хотелось выйти и двинуть ему по полной и потом посмотреть, как он будет радоваться. Я не мог понять, как он мог со мной так поступить, почему он так ответил. Ведь даже если бы он подошел ко мне и сказал: *"Андрей извини, ну реально старался, не получилось что-то"*, если бы он был со мною честен, открыт, то не было бы так больно!

Но он даже не извинился, а только очень странно улыбнулся и сказал: *"Радуйся, завтра новый день"*. Я еле сдержал эмоции и ответил: *"Пусть Бог благословит тебя"*, – потом закрыл окно и уехал.

Мы вернулись в гостиницу. Поднялась сильная буря, такое впечатление, что все силы зла и поднебесья проявились через эти погодные условия. Был сильный ветер и ливень, настолько сильный, что одноэтажный комплекс, в котором мы остановились начал протекать. В некоторых местах комнаты начало капать с потолка. Я переживал ужасное демоническое давление, такое ощущение, что весь ад был там. Братья спокойно спали в другой стороне комнаты, а у меня всю ночь шла борьба, борьба с самим собой. *"Боже мой, как они могут спать? Как у них есть сон? Они ни за что не переживают. Почему это все на мне?"* Я то ложился, то вставал на колени, то ходил по комнате. Меня будоражили мысли о том, как теперь я смогу посмотреть людям в глаза, ведь все знали, что я поехал в Африку проводить крусейд. Мысли не давали мне покоя: *"Я опозорился, меня кинули, ничего не вышло как планировалось; мне нечего сказать людям, они ждут свидетельств, фотографий, видео…"* Помню, как я лежал, а через потолок просачивалась капелька, потом задерживалась и *бум* – мне прямо в лоб. И что интересно, я даже не сдвигался, а думал: *"Пусть капает и пусть мне в голову стучит, мне все равно…"*

Мне казалось, что это конец: я испортил все свое будущее. Я взывал к Богу, но было такое ощущение, что я не мог прорваться. В ту ночь надо мной реально смеялся дьявол. Я слышал его голос, который просто лгал мне и говорил, что я опозорился, провалил все с первого раза: *"Ты никто и звать тебя никак, ничего у тебя не получилось, не мечтай, сиди в своем Сакраменто, Африка не для тебя, народы не для тебя!"* Я не могу объяснить, но казалось, что все силы ада окружили меня. Я никогда не забуду ту ночь, она была ужасной.

Бог свидетель, я до самого рассвета был в борьбе и не мог сомкнуть глаз. Моя молитва была стенающей: *"Бог, я переживаю за людей, которые доверились мне, переживаю за мнения, за репутацию, за всю ситуацию и за то, как дальше все это повернется"*. Я впервые чувствовал на себе капли холодного пота как капли крови из-за той сумасшедшей давки внутри. Я понимал, что Бог предупреждал меня, но я не послушался, Бог давал мне понимание, но я этим игнорировал, потому что за всей ширмой этой сцены, было мое я и мои желания. У меня реально был Гефсиманский сад в ту ночь. Я боролся с собой и полностью сдавался Богу, так что всё во мне ломалось: я реально умирал для мнения людей, для похоти больших служений, я умирал для своего авторитета, репутации, я умирал для своего имени...

Под утро, чуть только стало светать, я посмотрел в окно: буря утихла, успокоился дождь, пришла удивительная тишина. Подняв взгляд к небу, я сказал такие слова: *"Бог, прости меня за то, что я не послушал Тебя, за то, что искал внимание себе, искал служение. Я не прислушался к Тебе, не переживал о том, что Ты думаешь обо мне. С этого момента я умираю для себя. Я обещаю Тебе, что насколько это возможно, я буду*

очень внимателен к Тебе. Я отдаю себя Тебе. Я не хочу крусейдов, не хочу использовать Тебя, чтобы добиваться своих целей, не хочу, чтобы служение было моим богом. Я хочу, чтобы Ты всегда оставался Богом и Господом моей жизни, чтобы Ты взял меня и сделал Свою работу через меня. Я умираю для себя, я умираю для мнения людей, для репутации и для своего имени..."
Я помню, как сказав эти слова, я просто упал и распростерся на полу: *"Бог, всё, я весь Твой!"*

Я просто лежал, и мне стало так хорошо, я вошел в покой. Я вошел в покой вместе с погодой, вместе с теми обстоятельствами, которые окружали меня. Когда я поднялся, то почувствовал, что ожил. Я ожил! Мне стало легко! Мне стало все равно, что будут думать другие. Мне стало все равно, будет ли у меня еще крусейд или нет, абсолютно все равно... В тот момент внутри себя я сказал служителю из Южной Африки: *"Я прощаю тебя, ты послужил мне хорошим уроком, чтобы я смог полностью сдаться в руки Бога и не сделать больше такой ошибки. Я прощаю... я реально прощаю тебя".*

Я наконец понял, что Богу помогать не надо – в Нем вся сила, все виденье, вся премудрость. Мы призваны быть с Ним и слышать Его голос, а служение – это уже результат послушания тому, что Бог говорит тебе. Он есть источник всего, от Него зависит все в твоей жизни. Если проследить жизнь Иисуса Христа на земле – она не была посвящена служению, Его жизнь была посвящена Отцу, а Отец совершал Свою волю и служение через Иисуса. *Хотите угодить Богу?* Держите свое внимание на Нем всегда, ищите Его лица, проводите время с Ним, слушайте, что Он говорит вам, а не то, что говорят люди.

Служение никогда не должно стать целью.

Я хочу обратиться ко всем служителям: Бог хочет использовать вас и совершать великие дела через вашу жизнь, **но имейте способность дождаться Бога, будьте преданы Ему больше, чем служению,** проводите время с Ним, не потому что нужно проповедовать, а ради Него Самого. Многие служители боятся, что если они что-то сделают или не сделают, то могут потерять расположение людей. Нам нужно Богу угождать, а людям нужно служить.

Я выбираю быть посвящённым Ему, чтобы Он мог делать Свое служение через меня: служение не буквы, но Духа. Я реально хочу угодить Богу, хочу Его взгляд, Его внимание на своей жизни, я хочу, чтобы Он был доволен мной, **просто доволен мной!**

Помилуй меня, Боже. Да будет воля Твоя. Я отдаю себя Тебе, потому что сильно возлюбил Тебя. Я не знаю, как все будет дальше в этом видимом мире, но я точно знаю, что мое будущее в Тебе. Ты скала моя и защита, Ты крепкая башня, туда убегает праведник и безопасен, спасибо Тебе, Дух Божий, за все уроки в моей жизни.

В то утро пришел новый сезон в моей жизни, реально новый день. Однако я не знал, что вскоре меня ожидает экзамен: на самом ли деле я умер для себя…

ГЛАВА 8
СЛАВА БОГУ ЗА БОГА

Наступил новый день. Я снова приехал на тот стадион, потому что нужно было встретиться с ребятами из Дурбана и расплатиться с ними. Несмотря на то, что мы не использовали их аппаратуру, я должен был честно поступить и заплатить за их услуги. Их лидер, называвший себя пастором, поблагодарил меня и сказал: *"Андрей, все будет круто! В следующий раз, когда ты приедешь, мы тебе все установим бесплатно"*. Я, конечно же, был признателен ему за такую заботу, но я не желал ничего слышать об Африке и ни о каких следующих разах! Итак, я заплатил ему за дорогу и отдал оставшуюся часть денег за аренду аппаратуры. Мы довольно дружески попрощались и разъехались. Аллилуйя! По билетам через несколько дней нам нужно было улетать домой.

Вернувшись в гостиницу, мы с братьями стали решать, как проведем оставшиеся дни в Африке. Вдруг раздался звонок на мой телефон. Я взял трубку, оказалось, что это звонил тот самый пастор из Дурбана, с которым мы недавно распрощались. Он спросил:

— Андрей, а ты в какой гостинице остановился?

— А почему ты спрашиваешь? — ответил я.

— Нужно тебя навестить.

— Зачем? Проверить мое духовное состояние?

— Нет, мои ребята недовольны. Нам нужна еще такая же сумма денег, которую ты нам уже заплатил.

Я говорю:

— Подожди, я же с вами рассчитался! Крусейд не состоялся, аппаратуру я не использовал, но все равно заплатил, как и договаривались. Мы же пожали друг другу руки и разошлись с миром…

— Да, но был сильный дождь — сгорели наши колонки. В общем, нам все равно, что мы там говорили раньше. Мы с парнями посчитали и приняли решение, что ты должен нам заплатить еще такую же сумму денег и прямо сейчас.

Я начал объяснять:

— Ребята, я не могу, я отдал всё, что у меня было. Я же только что расплатился, все были довольны, мы благословили друг друга и разошлись.

Дальше разговор пошел напряженно:

— Да, но нас целая группа и остальные парни очень недовольны. Они требуют, чтобы ты заплатил ровно такую же сумму.

Я пытался все уладить, но ничего не получалось. Этот пастор из Дурбана требовал денег и полным ходом посыпались угрозы. Он сказал, что они прямо сейчас выезжают и собираются объездить все гостиницы города: *"А когда мы тебя найдем, дальше мы за себя не ручаемся!"* На этом он бросил трубку. И тут я понял, что ничего не закончилось, все только начинается...

Итак, нам угрожали, служитель, который организовывал крусейд, исчез, мы остались одни в чужой стране. Я на мгновение замер, но вдруг в моем сознании появилась мысль – у меня в руках визитная карточка одного верующего журналиста! Мы случайно встретились с ним, как только приехали в Ньюкасел. Его звали Ефрем, он был родом из Пакистана, а его жена – из Индии. Познакомившись с нами, Ефрем пригласил нас в ресторан. Это был единственный человек, с которым было приятно в тот момент провести время. Этот интересный журналист, любящий Бога, ничего от нас не требовал, не просил, а просто хотел побыть с нами и пообщаться. Он единственный, кто заплатил за нашу пищу, а до того мы платили буквально за все: за каждый шаг и каждый вздох. Ефрем – бывший мусульманин, который покаялся и принял Иисуса, теперь он занимался журналистской работой, разоблачая движение "Хрислам". Хрислам – это две объединённые религии: христианство и ислам. Последователи этого движения призывают положить Библию и Коран на одну кафедру, чтобы объединить эти религии и принести мир во всем мире. Это движение – полный демонический обман, но, к большому сожалению, многие люди вовлечены в эту ересь.

Во время обеда Ефрем увлеченно делился с нами своими проектами и работой в ЮАР. Мы пообщались, после чего он оставил мне визитную карточку и предложил помощь, если вдруг понадобится. Вы просто не представляете, насколько у Бога пути неисповедимы, как Он рисует весь сценарий нашей жизни!

Знакомство с журналистом из Пакистана было именно провидением Божьим, потому что, когда ребята из Дурбана стали нам угрожать, единственный, к кому я мог обратиться – это Ефрем. Я быстро нашел визитную карточку и набрал его номер:

– Ефрем, привет! Как дела? У нас такая ситуация...

И рассказал ему обо всем, он ответил:

– Я сейчас же выезжаю к вам. Быстро собирайте вещи. Они вас найдут.

Буквально через 10 минут Ефрем влетел к нам в гостиницу со словами:

– Ребята, уезжаем. Эти парни не шутят, они на самом деле вас найдут!

Мы сели к нему в машину, в какой-то мере даже не понимая, куда нас везут и что происходит. Мы подъехали к большому дому, нас вышли встречать какие-то люди, оказалось, это родственники Ефрема – родители его жены. Они были родом из Индии. Хозяин дома тоже называл себя пастором. Все так странно выглядело: мы впервые видимся, а эта семья так радушно приняла нас в свой дом и начала угощать. Завязалась беседа, и мы рассказали о том, что с нами произошло. Через время приехали братья хозяина со своими женами и детьми. У него было 8 братьев, все они были довольно обеспеченные люди. Также он пригласил своего лучшего давнего друга Питера из Шри-Ланки. И вот мы, знакомясь со всеми, сели ужинать.

Представьте ту картину и состояние, в котором я находился: я не спал до этого всю ночь, переживая сильнейшее духовное давление; крусейд, которого я так ждал, не состоялся; меня кинули на деньги; я был в борьбе, но полностью сдался в руки Бога. Теперь нас по всему городу ищут ребята из Дурбана, а мы сидим в огромном доме среди индийцев. Эти люди собирают всех своих родственников и друзей, и начинается интересная беседа, которая затянулась надолго, а точнее на всю последующую ночь. Они стали рассказывать нам свое свидетельство.

Оказывается, что хозяин дома, Роберт, будучи молодым парнем, вместе со своим другом Питером из Шри-Ланки вел бандитский образ жизни. В 2005 году Роберт покаялся, а Питер все еще был связан с криминалом до 2010 года, он был главным мафиози всей Южной Африки, возглавляя крупнейшую структуру нелегального бизнеса в ЮАР и других странах. Его люди, казалось, были везде и торговали кокаином.

Так вот, эти двое друзей всю ночь рассказывали нам истории о том, что они творили и в каких криминальных структурах состояли. То, что нам рассказали, уму непостижимо: эти ребята были просто обезбашенные, они торговали наркотиками, избивали людей, продумывали разные схемы обмана и махинации, грабили банки, просто их несло по жизни без тормозов...
К тому же хозяин дома рассказал о том, как был во всех религиях мира, был в индусских посвящениях, жил в монастырях, разных храмах, и все для того, чтобы потом

их грабить. Представьте, мы сами в жутком положении, а еще сидели и всю ночь слушали ужастики, которые не заканчивались: одна история за другой, они всё вспоминали и вспоминали. Вместе с нами сидели их жены и дети. Они все плакали, вспоминая, из какой ямы их вытащил Бог. Роберт делился о том, как пять лет назад он покаялся и принял Господа, после чего вся его семья начала служить Богу. Эти люди, создав свои компании, стали кормить детей из бедных семей, целое поселение в Африке.

В общем, мы сидели и всю ночь слушали ужасные истории, а под утро хозяева сказали: *"Вы, наверное, устали, идите отдыхать, а завтра мы поедем с вами молиться и благословлять все наши бизнеса"*. Нас провели в комнату, мы легли на пол, но после услышанных историй глаза ни у кого не закрывались. Я думал: *"Боже мой, кто эти люди? И что вообще с нами происходит?"* Мы пролежали, ворочаясь несколько часов, но так никто и не уснул. Для меня это была вторая ночь подряд, когда я реально спать не мог!

Потом эти люди пришли и сказали: *"Вставайте, пожалуйста, мы хотим с вами ехать и благословить все наши компании"*. Все восемь братьев хозяина имели различные предприятия в том городе. Мы поехали, я готов был уже молиться и благословлять всех и вся, лишь бы как-то живым остаться и попасть домой к своей любимой жене и детям.

Мы ездили с Робертом от одного места к другому, встречались снова с его братьями, в общем промолили всех его бизнесменов и их бизнес-офисы. После всего хозяин сказал мне: *"Андрей, я должен завезти тебя еще в одно место. Это очень непростое место, и я хочу, чтобы ты что-то увидел..."* В тот момент ему позвонили и он начал с кем-то долго разговаривать на своем языке. Мы куда-то отправились. Я сидел впереди, а сзади сидели двое моих друзей.

Постепенно дорога стала сужаться, мы выехали из города и стали приближаться к какому-то лесу. Меня охватило странное предчувствие. Я говорю: *"Роберт, куда мы едем?"* А он полностью меня игнорирует и продолжает разговаривать по телефону. Машина двигалась медленно, по пути нам встретились двое мусульман, поравнявшись с нами, они пристально заглядывали нам прямо в окна. Было странно и жутко. Дорога становилась все уже и уже, и вот мы уже в глуши леса, вокруг нас реально джунгли. Я второй раз спрашиваю: *"Роберт, куда мы едем?"* А он снова проигнорировал мой вопрос. Я посмотрел назад: наш видеосъемщик спал богатырским сном, а мой друг миссионер настороженно смотрел на меня. Переглянувшись, мы проверили телефоны – связь больше не ловила, так как минут 15 мы ехали по какой-то глуши. У нас связь международная, поэтому наши телефоны не работали, а у хозяина местная связь, и все время он был на телефоне будто по делам.

Все это странно. Ко мне стали закрадываться различные мысли: *"А что если все не так, как кажется? Что если эти ребятки не покаялись? Вдруг это реальное кидалово? В той стране выставляют с американскими паспортами: американцев завозят в какую-нибудь глушь, вяжут и требуют огромную сумму денег за выкуп. Вдруг это их схема? Может вчера они просто прикрывались покаянием, но на самом деле они до сих пор занимаются криминалом?"* Какие только мысли не лезли в мою голову. Понимаете, когда ты раз спрашиваешь, два, три... пять, а человек тебя игнорирует... Неужели трудно сказать? Я видел, что он умышленно игнорирует. Самое страшное, что я понимал, что мне нужно что-то делать и спасать себя. Бежать. *Но как?..*

Впервые в моей христианской жизни у меня появилась мысль: *"Я сейчас его вырублю: нужно с одного удара его выключить и бежать, пока с нами реально ничего не случилось!"* Я посмотрел на своих друзей. Главное действовать быстро, поэтому в голове я стал прокручивать стратегию, как и куда буду его бить, как выпрыгну из машины и буду отважно бежать через лес, потом надо как-то добраться до аэропорта. Я почувствовал, что сейчас это произойдет: с секунды на секунду я буду бить. Но что меня сдерживало – это левая рука, если бы с правой, то я бы его уже грюкнул, но с левой мне реально неудобно. У него в машине руль справа, а я сидел с левой стороны. Я сдерживаю себя, потому что понимаю, что левой слабо ударю и не выключу его сразу.

В тот момент мы подъехали к обрыву, дорога закончилась: впереди с обрыва стекала вода. Роберт остановил машину и продолжал разговаривать по телефону, похоже, он просто тянул время и кого-то ждал. Я смотрю, а слева от нас полуразрушенный дом, прямо как в Афганистане, где пленных пытают. Я в последний раз спрашиваю:

– Роберт, что это? Что мы здесь делаем и кого мы ждем?

Но он не реагировал. Я подумал: *"Может это дом, в котором они держат пленных людей. А остановился он потому, что ждет своего друга, Питера из Шри-Ланки, мафиози бывшего. Сейчас тот подъедет со своими людьми и нас всех повяжут в этом доме".*

Я сижу и понимаю, что это мой последний шанс: машина стоит – легче будет выпрыгнуть и бежать. В тот момент мое сердце реально заколотилось, я собрался с силой, сжимаю кулак – буду бить в бороду – и понимаю, что я это вот-вот сделаю. Вдруг Роберт резко кладет телефон, поворачивается и говорит:

– Ты знаешь, что это за место?

Я дрожащим голосом отвечаю:

– Я сейчас уже ничего не знаю.

Он мне говорит:

– Это место смерти.

Тут я вообще опешил и думаю: *"Вот это да, почему я тебя еще не грюкнул? Ты мне прямым текстом заявляешь о своей миссии?"*

Потом Роберт добавил:

– Да, это место смерти... Это проклятое место нашего города, где все главные колдуны и ворожеи совершают обряды. Здесь практически каждый день люди совершают самоубийства. На этих деревьях люди вешаются, с этих обрывов многие бросаются вниз, в речку, здесь каждый день кто-то умирает! Из-за этого места у нас сумасшедшая смертность в городе.

Затем он сказал:

– Я привез вас сюда для того, чтобы вы сегодня могли молиться за наш город и разрушить здесь всякое проклятие.

Я смотрю на него во все глаза и думаю: *"Боже мой, что бы было, если бы я его вырубил?"* Вы даже не представляете, как глубоко я выдохнул воздух. Я благодарил Бога за то, что Он не позволил мне сделать то, что я уже намеревался сделать, и я подумал: *"Слава Богу за Бога..."*

Да, друзья, это была самая горячая молитва за Африку! Как мне хотелось тогда все разрушать! О, как я выпалил всю энергию против духов злобы поднебесья. Я разрушал все заклятия, проклятия, дух смерти; я молился и гнал всех этих бесов направо и налево. Короче, мы так горячо молились, что Роберт, наверное, подумал: *"Вот это помазанные братишки!"* Но если бы он только знал, что я пережил тогда и мотивы моей молитвы...

Итак, мы отмолились, и Роберт сказал:

– Ну все, поехали пить чай!

Он был такой веселый и счастливый, завел машину, и мы поехали назад:

– Аллилуйя, проклятие разрушено!

А я думаю: *"Андрей, у тебя мозги чуть не разрушило..."* Когда мы вернулись к нему домой, было такое ощущение, будто мы вернулись домой в руки любящего Бога Отца. Эта семья служила нам как ангелам. Это оказались настолько благочестивые люди, любящие Бога, они оказали нам такую честь, помогли нам во всем, а потом отвезли в аэропорт, благословили нас и отправили домой.

Это трудно объяснить, но назад я летел совершенно другим человеком. В самолете я много размышлял и повторял: *"Хватит! Следующие 10 лет не говорите мне ничего про Африку, даже не упоминайте при мне это слово!"* Но Бог, наверное, смеялся над этим моим заявлением, потому что прошло буквально 6 месяцев и я снова оказался в Африке, проповедуя Евангелие Царства. Но в этот раз все было от Бога. По возвращению домой Господь соединил меня с правильными людьми и во всем содействовал. В сентябре того же года я уже проводил крусейд в Танзании (Африка), где собрались тысячи и тысячи людей и было явлено много чудес и славы Божьей.

Знаете, такое впечатление, что я чуть-чуть не дождался того, что было обещано мне Богом – я не дождался своего Исаака, а своими силами и способностями стал рождать Измаила. Измаил был в чреслах Авраама – это то, когда мы своими силами помогаем Богу что-то родить. В тот момент Авраам не спросил Бога, стоит ли ему войти к Агари, **он увидел возможность и опирался на свои способности и обещание, данное ему Богом.** Я думаю, что Бог позволил, чтобы все это произошло в моей жизни, чтобы забрать "Измаила": мое я, мои желания, мою гордыню, мнения людей – все это умерло там, в Южной Африке в ту Гефсиманскую ночь, которая была у меня в гостинице.

Я знаю точно, что Бог призвал меня в Африку, но я поспешил. Когда появилась возможность, я не спросил об этом Бога, но стал помогать Ему. Через это дьявол хотел остановить меня, чтобы я имел негативный опыт и больше никогда не приехал служить в Африку. Бог позволил всему случиться, чтобы я больше не опирался на свои способности. Говоря духовным языком, Богу нужно было вытащить из меня этого "Измаила", чтобы пришел "Исаак".

Я пришел к такому состоянию, что полностью сдался в руки Бога и навсегда решил, что **вокруг меня виноватых нет!** Это состояние полной зависимости от Бога помогает мне и по сей день держать все мое внимание на Нем, угождать Ему, доверять и слушать Его голос.

Мы никогда не увидим высоты, для нас недосягаемые, если не позволим Богу вознести нас на эти высоты, и первое, с чем Он имеет дело, – это наша гордыня, наш "Измаил", наше я, за которое мы так крепко держимся. Посвящение будет стоить всего, нам придется умирать для себя. Я точно знаю, что у Авраама тоже было место, где Бог сокрушал его дух, а он позволял Богу быть Господином его жизни. Это серьезно. Какою мерою ты будешь мерить, отдавая себя Богу, такою мерой Бог будет отмерять тебе.

А Он – наша самая великая награда! Когда мы отдаем себя Богу, мы угождаем Ему, а Он служит через нас. Я верю, что каждый из нас желает услышать в конце своей жизни слова: *"Это был человек по сердцу Моему, который исполнил все хотения Мои"*.

Могу добавить только одно: **слава Богу за Бога!!!**

ГЛАВА 9
КТО ВЫ ТАКИЕ?

Можешь ли ты сказать, что Бог доволен тобой? Библия говорит, что Дух Святой свидетельствует духу нашему... Имеешь ли ты от Него это свидетельство, что Он доволен тобой?

Если ты перестал искать Бога и гореть для Него, ты перестанешь получать воздаяние и понимать Божье: Его голос, Его действия, Его чудеса; перестанешь получать откровение о том, Кто есть Бог. В послании к Евреям 11:6 написано: *"А без веры угодить Богу невозможно; ибо надобно, чтобы приходящий к Богу веровал, что Он есть, и ищущим Его воздает".* **Бог воздает тем, кто ищет Его.** Поэтому разница между служащими Самому Богу и не служащими Ему со временем будет становиться все более и более явной. Я увидел, что **самое большое воздаяние от Бога – это Сам Бог в твоей жизни!** Это Его реальность и присутствие в каждом дне.

Я помню, как несколько лет назад мы с командой отправились в Мексику, в город Санта-Росалия-де-

Камарго, проводить евангелизацию. Нас пригласил епископ Фредди, он являлся главным инициатором и организатором всего мероприятия.

Дорога была нелегкой и долгой, мы добирались до того города больше суток на микроавтобусе через всю Мексику. Когда мы наконец-то приехали, нас встретило несколько пасторов, и первое, что они сказали: *"Здесь проводить евангелизации нереально. Кто вы такие? У вас ничего не получится, даже не старайтесь. Мы не понимаем, зачем епископ Фредди вообще вас пригласил, тем более вы очень молоды..."* Затем к нам в гостиницу приехали двое других служителей, чтобы сказать то же самое: *"Кто вы такие? У вас здесь ничего не получится..."* Видеть такую реакцию и слышать их прямые высказывания было очень неприятно. Такое ощущение, что они не хотели нас видеть вообще.

Во второй половине дня к нам приехал сам епископ Фредди. Он ободрил нас и больше рассказал о своем городе. Представьте, там более 50 лет не проводились евангелизации! В городе чувствовалась очень непростая духовная атмосфера: раздор, неверие, застой, сильно было развито колдовство; к тому же сам город был окружен колдовскими поселениями. Может это и являлось основной причиной того, что церкви не общались друг с другом. Я не говорю о разных деноминациях, даже церкви пятидесятнического движения между собой не сообщались. И несмотря на все это, епископ Фредди каждое утро молился о пробуждении: он объезжал город на своей машине и просил Бога, чтобы огонь Божий и движение Духа Святого пришли в его город. Епископ Фредди делал это изо дня в день на протяжении последних 15 лет!

Вместе с ним мы склонились перед Богом в нашей комнате и стали молиться: *"Господь, Ты привел нас сюда не случайно. У Тебя есть Свои планы, поэтому мы доверяемся Тебе. Когда вокруг столько неверия и критики, когда нам говорят: "Это невозможно", мы продолжаем верить Тебе. Мы верим, это именно тот город, где Ты хочешь явить Свою славу и принести пробуждение, вопреки всем человеческим мнениям!"*

Для евангелизации в центре города было арендовано специальное помещение. Как только мы вошли в зал, то обратили внимание, что среди многих собравшихся людей, особо выделялись служители поместных церквей: они стояли вдоль задней стены, облокотившись и недовольно сложив руки. В течение всего служения они просто наблюдали за нами, а в их взглядах я читал слова: *"Кто вы такие? У вас ничего не получится"*. Однако во время первого собрания Бог начал сильно касаться людей: многие вышли на покаяние и получили исцеление... но все это происходило под каким-то грузом тяжести и давления.

На следующий день мы увидели ту же картину: служители стояли там же, вдоль стены, сложив руки и совершенно не участвуя в служении. Только епископ Фредди помогал нам и всячески ободрял. Он старался сделать все возможное, чтобы у нас все получилось. В этом человеке чувствовалось большое отцовское сердце – сердце, которое горело для Бога. Он страстно желал видеть Божье движение в своем городе.

Казалось бы, служение во второй вечер прошло

благословенно: людей покаялось еще больше, затем мы много молились за семьи, за освобождение, исцеление и восстановление. Однако я не видел сильных перемен и явных чудес, как будто что-то сдерживало вмешательство Бога.

В последний день евангелизации мэр города дал нам разрешение провести служение прямо на центральной площади города. Собралось много людей, мы пели и славили Бога, но несмотря на все это, я все еще ощущал сильное духовное противостояние, поэтому даже проповедовать было тяжело. Пасторы и служители из разных деноминаций также присутствовали там, но не участвовали. Они просто пришли посмотреть, чем все это закончится.

Все три дня я обращал внимание на одного мужчину в инвалидной коляске, его подвозили к сцене и оставляли слева от меня. Я хорошо его запомнил, так как на нем был один и тот же коричневый свитер. Этот человек всегда внимательно слушал слово, но ничего не происходило. На площади его снова подвезли и оставили слева от сцены. Когда я уже заканчивал проповедовать, я ощутил, как Дух Святой начал касаться этого мужчины в инвалидной коляске. Это ощутили и наши братья, в тот же миг они подбежали к нему и стали поднимать его с коляски… И вдруг он встал на свои ноги, сделал шаг, потом второй… и потом пустился бегать… Он начал бегать по всей площади! От этого пришла такая радость! Мужчина продолжал бегать, а наши братья высоко подняли его инвалидную коляску и поставили ее посреди площади, чтобы все люди видели ее. Это была неописуемая сцена! И я подумал: *"Это то чудо, которое мы ожидали все эти дни! Господь проявил Себя!!!"*

Однако я и представить себе не мог, что в тот же момент происходило чудо намного большее: к епископу Фредди подбежал пастор баптистской церкви. В слезах он упал к нему на шею и стал просить: *"Прости меня! Прости за мое неверие! Прости за мое отношение к тебе... Я не верил в чудеса. Я думал, они закончились во времена апостолов. Если бы я не знал этого человека лично, я бы никогда не поверил. Никогда! Этот мужчина не мог ходить уже много лет – я это точно знаю! То, что сейчас произошло, мог сделать только Великий Бог".* Затем этот баптистский пастор начал со всей силы кричать: *"Великий Бог! Великий Бог! Великий Бог!"*

Далее, один за другим к епископу Фредди стали подходить и остальные служители: это были лидеры церквей из разных деноминаций, которые все три дня наблюдали за нами. На глазах у них тоже были слезы... Это было сверхъестественным вмешательством Бога, самое большое чудо, которое епископ Фредди ожидал и о котором молился каждый день. Служители обнялись, они плакали и впервые за все эти годы дружно поднялись на сцену, взялись за руки и начали в единстве славить Бога и молиться за город Санта-Розалия. При виде этой сцены я просто упал на колени и рыдал перед Богом: *"Бог, Ты превыше всего! Спасибо, что позволил мне увидеть силу Духа Святого, которая способна совершить то, что не мог бы сделать никакой человек. Когда двое или трое собраны во имя Твое, Ты приходишь и являешь Свою славу посреди них".* Это была величайшая победа в том городе!

После того как пришло единство между служителями, небо открылось еще больше. Мы вместе служили людям еще долгое время после полуночи, возлагая руки на каждого и повелевая болезням и нечистым духам уходить. В ту ночь произошло много удивительных чудес и сверхъестественного вмешательства силы Духа Святого! Слава Ему!

А на следующее утро к нам в гостиницу приехал епископ Фредди. Он просто светился от счастья. Когда мы сели завтракать, он рассказал, что в 6 часов утра по своему обыкновению, он снова выехал молиться за город. Впервые за 15 лет он почувствовал, как сильно изменилась духовная атмосфера в городе. Со слезами на глазах Фредди добавил: *"Я ощутил, что пришел прорыв, о котором я так долго молился. Я так благодарен Господу за все, что произошло. Теперь все будет иначе и этот город будет принадлежать Иисусу! Спасибо вам, что вы, несмотря ни на что, приехали и послужили нам"*.

Спустя год после той поездки я созвонился с епископом Фредди. Меня интересовало, как обстояли дела в городе и общаются ли пастора друг с другом. Фредди ответил: *"Мы не только общаемся, мы каждый месяц собираемся на молитву и вместе проводим евангелизации в городе"*.

Каждый раз, когда я вспоминаю духовный прорыв, который произошел в городе Санта-Розалия, я все больше утверждаюсь в вере и молюсь: *"Бог, когда все перестают верить, я отвожу взгляд от людей, от того, что кто-то делает или не делает. Я возвращаюсь в Твое слово, в Твои обетования. Я буду верить!"* Я захвачен Божьей реальностью и тем, как действует Бог: *животворящий мертвых и называющий несуществующее как существующее.* Часто это противоречит человеческой логике и разуму, потому что в видимом мире этого нет или невозможно, но это не значит, что этого нет в духовном мире у Бога. Поэтому нам нужно видеть Божью реальность и продолжать верить Ему.

Представьте Ноя, проповедника правды, который верой начал воплощать в реальность виденье, которое относилось к следующей эпохе. Ведь дождей в том веке не было, земля орошалась росою. Невзирая на критику, давление и логику, Ной творил то, что будет происходить. Он начал возводить конструкцию, которая впоследствии спасла его и всю его семью. Библия говорит, что в день, когда Ной закончил работу и вошел в ковчег, вдруг в эту физическую реальность ворвалась другая реальность и Ной стал отцом новой эры. Разница между народом, который погиб, и Ноем была его вера Богу.

Далее мы видим Авраама: физически нереально было ему и Сарре в 100 лет родить сына. Однако написано, что Авраам **не поколебался** в обетованиях Божьих, **не изнемог** в вере и **не помышлял**, что тело его омертвело. Бог говорил о нем: *"Утаю ли Я от Авраама, что Я хочу сделать? От Авраама точно произойдет народ **великий и сильный**. И благословятся в нем все народы земли, ибо Я избрал его для того, чтобы он заповедал сынам своим и дому своему после себя ходить путем Господним, творя правду и суд"(Быт.18:17-19).* Желанием Бога было иметь народ на земле, который будет исполнять волю Его, творить правду и суд. Представьте, до Авраама такого народа не существовало!

В 11 главе к Евреям мы видим целое движение веры: Авель, Енох, Ной, Авраам, Моисей, Самуил, Давид... – это были наши отцы веры, которые побеждали царства, творили правду, получали обетования, заграждали уста львов... Они продолжали верить Богу и тому, что Он сказал, поэтому через них пришло новое движение Божье на эту землю! Мы имеем вокруг себя такое облако свидетелей! *А знаете, что Бог пообещал нашему поколению?* В конце 11 главы Евреям написано о нас: *"...потому что Бог предусмотрел о нас нечто лучшее, дабы **они не без нас** достигли совершенства"*. Думаете, у них не было противостояния и критики? Еще сколько было!

Есть вещи, которые Дух Святой показал мне в отношении нашего поколения: 1 Царств 1-4 главы повествуют о времени, когда рос пророк Самуил. В доме Божьем была очень непростая "церковная" ситуация: Илий был священником, *сыновья же Илия были люди негодные; они не знали Господа и долга священников в отношении к народу... и грех этих молодых людей был весьма велик пред Господом, ибо они отвращали от жертвоприношений Господу*. Это были служители! То, что делали эти молодые люди, в глазах людей казалось не смертельно и не опасно, но перед Богом это было ужасно! Сегодня так же, как и во времена Илия, есть то, что в глазах людей не считается пороком: гордыня, небольшой обман ради выгоды, лесть и лицемерие воспринимаются нормально, но Бог ненавидит это!

Ненавидит! Я уверен, что эти молодые люди не за один день стали такими. Все начинается с маленьких вещей, на которые человек закрывает глаза и попускает в своей жизни, и все больше и больше этим отравляется. А потом приходит такое состояние, когда человек переживает за свое положение в глазах людей больше, чем за то, чтобы угождать Богу.

Такими были сыновья Илии: они были поставлены в позицию священников, но сами не имели личных отношений с Богом. Они не искали и не знали Его лично, не знали долга священников по отношению к народу, при этом они служили в доме Божьем. *Неужели так возможно?* К сожалению, так и было. Эта группа служителей своим отношением отвращала народ Божий от жертвоприношений Господу. Этот грех был велик перед Богом!

Я не хочу упрекнуть ни одного служителя, но многие, отстаивая церковные традиции, так мало времени уделяют на познание Самого Бога и Его воли для нашего времени. Священники – это уста Бога на земле, они должны говорить не об этой физической реальности, а провозглашать Божью, чтобы народ не страдал. Мы сегодня обожествили церковную систему и церковные порядки больше, чем Самого Бога! Столько появилось гордыни, столько амбиций, столько титулов, столько внимания на том, кто какой пост в церкви занимает... Я должен сказать, что Бог говорит в слове: *"Так как ты отверг ведение, то и Я отвергну тебя от священнодействия предо Мною"(Ос.4:6).* Священники даны людям, чтобы поднимать веру, а не убивать ее, они даны, чтобы служить людям, а не использовать людей.

И гибнет народ из-за недостатка ведения!

Это очень серьезно. Драгоценные, я не осуждаю никого, у меня нет на это права; я просто передаю то, что Дух Святой открыл мне: *Бог будет судить эту церковную систему, потому что Он – Бог Ревнитель.* Многие церкви вытеснили Его присутствие, а потом и дары Духа Святого, потому что появилась своя церковная программа, устои и расписания и в собрании нет больше места для действий Духа Святого. Поймите, я первый за воскресные богослужения и порядок, но пришло время реально открыть глаза и стать честными перед Богом. Богослужение может иметь прекрасный вид: хорошая музыка, стихи, песни, исполненные вдохновением слова… *А где присутствие Бога? Где слава Божья? Где движение Духа Святого? А для чего дана сама церковь?*

Как бы мы ни молились и ни просили: *"Бог действуй!"*, Он не будет действовать там, где Ему не дают места! Ведь сила Божья проявляется через Его дары. Бог говорит: *"Я буду действовать там, где Мои дары активированы. Меня ваши стены не задержат, если Мне нет там места: Я пойду на распутья, на дороги, к грешникам и мытарям, и последние станут первыми"*. Поэтому мы видим молодых людей на улицах и площадях, которые проповедуют, изгоняют бесов, молятся за больных… Но этим парням и девушкам нет места в церквах, их там не принимают.

А потом еще страшнее. О, как же я не хочу все это выворачивать! Но ради денег служители идут на такие компромиссы, что больно говорить: *"Какое угождение Богу, главное, чтобы десятины и приношения шли… главное, чтобы бизнесмены были… главное, чтобы талантливые люди участвовали…"* Нет, не они главные! Главное, чтобы пришел **Дух Святой!** *А иначе зачем все это? Где Бог? Где Его сила? Где реальность неба?*

Не один раз мне признавались сами служители: "Мы знаем, что нужно что-то поменять, но всё так далеко зашло, что мы уже не можем… МЫ НЕ МОЖЕМ!" *Почему?* Потому что там есть дядя Леша и дядя Вася – они не поймут! *Да разве это сейчас важно?* Драгоценные, нам нужно вернуться к источнику веры! Нам нужен Дух Святой и жизнь от Бога! *Какая разница, что не поймут?* Сегодня не поймут, а завтра придут и скажут: "Помолись, ибо с тобою Бог, потому что есть воздаяние". Давайте будем менять все и Богу угождать, а не какому-то дяде!

В последнее время мне так часто звонят с просьбой о помощи молодые люди, а также служители, и я слышу одно и то же: церкви разделяются, молодежь массово уходит, там проблемы, там не разрешают, там притесняют – это происходит просто повсеместно. Дело в том, что многие церкви не замечают, как Бог поднимает новых лидеров, но сверху руководство церкви не дает им прохода. Сами не делают и другим не дают. И многие молодые люди буквально застряли… и такая ситуация в этой стране повально. Однажды я уединился и просто начал молиться: *"Боже мой, что происходит, что нам делать?"* И я услышал Его ответ: *"Сын Мой, Я Бог Ревнитель, Я буду судить эту церковную систему. Их программа вытеснила Моего Духа, там нет больше места для Меня. Поэтому сегодня Я взращиваю Свой ответ и поднимаю Мое движение на этой земле".*

При священнике Илии, когда Бог хотел спасти видение, Он не пытался никому ничего доказать, Он просто взращивал Самуила, который весь Израиль обратил к Господу. Бог видел всю церковную ситуацию и искал, через кого начать новое Божье движение. Он нашел Анну, которая молилась и посвящала Богу своего сына: *"Если Ты дашь мне сына, я отдам его Тебе".* Бог ответил и дал ей семя не ради нее, а ради всего израильского народа. Бог знал, что во время всех компромиссов, во время всего, что будет отравлено, когда нет веры, нет чудес, нет движения Духа Святого, много коррупции, где неверующие люди намного честнее, чем верующие... посреди всего этого хаоса поднимется Божий пророк и обратит народ к Господу!

Я так благодарен за настоящих молитвенников в наше время, которые не сдаются и реально предстоят пред Богом: *"Бог, подними сегодня молодых людей, подними настоящее движение Духа Святого! Мы не опускаем руки! Да, этого нет сейчас в видимом мире, но мы стоим перед Тобой в молитве, Ты обещал в последнее время излить от Духа Твоего..."* Таких людей многие не понимают, но от их молитвы в духовном мире происходит зачатие и начинается рождение в физическом мире!

Бог отвечает и поднимает сегодня изнутри церкви новое поколение пророческого движения. Я верю, что пробуждение не придет извне: оно уже сейчас происходит там, где внутри Тела поднимается Божье движение, где растут "Самуилы", которые служат Господу. Да, они растут при Илии, но служа ему, написано, что Самуил служил Господу. Его внимание было не на том, что делали другие священники, но на Самом Боге! Поэтому, он возвратил весь Израиль к Господу, чтобы **Господу одному поклонялись и Ему одному служили!**

Я слышу, как Бог пророчески обращается к Самуилам и Илиям в нашем поколении. Если, читая эти строки, ты видишь вокруг себя в христианском мире столько гордыни, обмана, финансовых махинаций, манипуляции, амбиций, несправедливости (это могут делать люди на позиции священников), не критикуй их, не осуждай, отведи свой взгляд от всего этого. Я нигде не вижу, чтобы Самуил этим занимался, я вижу, что он продолжал служить Господу. Бог Сам будет иметь с этим дело, а ты – продолжай служить. Бог знает и видит, что происходит, поэтому не ропщи на них, не возмущайся на них перед Господом. Если ты продолжишь служить Богу – ответ придет через тебя. Просто не говори негатив в сторону служителей. Прошу, не суди их, Бог не давал тебе на это права.

Я хочу обратиться к людям как Илий, у которого была своя команда священников, это были его родственники и сыновья. Илий видел, что они неправильно поступали, но ничего не менял. Многие мне ответят: *"Мы понимаем, что нужно что-то поменять, но мы **уже не можем**!"* Бог говорит вам: *"Если Мне доверитесь, Я дам вам силу, Я дам помазание и понимание, как это сделать".* Только с искренним Бог поступит искренно: когда ты раскаешься и правду станешь называть правдой, ложь назовешь ложью, контроль – контролем, а манипуляцию – манипуляцией... тогда Дух Святой обязательно даст тебе стратегию. Только Его стратегия будет не вокруг твоей программы, а вокруг Его видения. Не играйте больше в церковь, давайте возвратимся к Господу, к истинному поклонению, к угождению Самому Богу. Я точно знаю, что через вас Бог еще многое мог бы сделать!

Одни должны что-то поменять, а другие должны продолжать.

Пришло время по-настоящему угодить Богу! Поэтому поднимите глаза ваши, откуда помощь придет. Поднимите взгляд: нивы уже поспели. Я прошу у Бога благодать, чтобы наша вера была в действии. Нам нужно взять ответственность. Пусть физические глаза говорят, что 100 лет такого не было, но вера говорит: это родится через тебя, если будешь стоять твердо. Ты можешь быть частью этого движения, даже если этого не было 100 лет, это может начаться через тебя и меня! Я в это верю, поэтому ищу Бога, уединяюсь, пощусь, молюсь, готов жертвовать всем. Призываю тебя: продолжай держать взгляд на Боге, на Его слове, на Его обетованиях! Не останавливайся! Продолжай гореть! *"Верь Мне, будь тверд и мужествен, будь непоколебим. Продолжай!"*

Когда Бог увидит в тебе верность, Он будет соединять таких людей по всему лицу земли. Я услышал от Бога, что сегодня Он поднимает отцов пробуждения, растет целое Божье движение, которое захватит всю эту землю. Мы объединимся вместе и увидим, как Америка, Россия, Украина, Европа будут изменены! Мы всё для этого сделаем. Поэтому продолжай гореть! И слава Господня придет через огонь в твоей жизни и покроет эту землю. Я знаю, что таких людей веры будет великое множество!!!

*Бог возьми меня, я полностью предаю себя Тебе. Я хочу поверить в то, во что другие перестали верить. Я принимаю решение верить Твоему видению. Ты сказал, что **не без нас** сделаешь то совершенное... Ты приготовил это для нас, что бы мы дополнили число облака свидетелей – людей веры!*

Я ощущаю взгляд Бога, Он прямо сейчас ищет людей по всей земле, которые скажут: *"Вот я! Возьми меня, принеси пробуждение через мою жизнь".* Кто эти люди? Бог ищет их и отделяет для Себя, Он запечатлевает сегодня людей для последней великой жатвы. Я хочу молиться за тех, кто читает эти строки, кто не шутит с Богом, кто предоставляет свое тело и свои желания, чтобы Бог через них сделал то великое, что обещал:

Дух Божий, коснись этих людей там, где они сейчас находятся. Для Тебя нет ни стен, ни границ, ни расстояния. Ты дышишь там, где хочешь. Сойди на то место, пусть огонь Духа Святого наполнит каждого человека, кто отделяет себя для Тебя. Дух Святой, Твое имя Руах – постоянное дыхание Бога, постоянная жизнь. Пусть Твое дыхание придет в каждую ситуацию. Я молюсь, чтобы были активированы все дары Духа Святого в их жизни. Дай им сердце мудрое, высокий дух и обширный разум. Соедини их вместе и поведи дальше в посвящение Самому Богу. Во Имя Иисуса!

ГЛАВА 10
ОГОНЬ В МОЕЙ ГРУДИ

*"Драгоценный Дух Святой, захвати нас Собой, чтобы образ Иисуса все больше отображался в каждом из нас и мы, утверждаясь в Твоей **истине**, могли разрушать всякую **ложь** и дела сатаны!"*

Бог, в Котором нет ограничений, Творец всего видимого и невидимого, в Котором вся вечность, все ответы, вся истина, жизнь, вся сила – внутри нас Духом Святым. Только представьте: когда вы приняли Духа Святого, вы приняли природу Бога внутрь себя. Но я хочу подчеркнуть: то, что мы принимаем в наш дух от Бога, приходит в форме семени. Слово Божье сеется в форме семени. В семени вся полнота и потенциал Царства Божьего. Когда почва правильная, то это семя растет и способно захватить всего тебя. Когда сошел на нас Дух Святой, мы приняли силу, но мы приняли ее в форме семени. Его сила способна расти в нашей жизни и действовать через нас. Она не имеет ограничений, и только мы сами можем ее лимитировать. С познанием Духа Святого мы переходим от **силы в силу**, от **славы**

в славу. Я лично этим захвачен! Поэтому меня всегда волновал духовный рост. Есть так много сфер, в которых мы еще не были в Боге, в Духе Святом.

Однако я столько раз слышал в свой адрес: *"Андрей, что ты от нас хочешь? Мы же каждое воскресенье ходим в церковь, молимся утром и вечером, мы даже руки поднимаем во время прославления, барабаны купили… Что может быть больше?"* Просвещение, познание истины, преображение в образ Иисуса, исполнение Божьего предназначения на этой земле. Я буду продолжать кричать об этом, потому что ревную о том, чтобы церковь Иисуса Христа поднялась во власти и силе как Экклесия, чтобы явить Царство Божье и реальность небес на этой земле!

Я помню, как ночью во время школы "Территория Царства", которую наше служение проводит ежегодно, у меня было сильное переживание в сновидении. Я увидел множество верующих людей, которые стояли на земле. Бог открыл мои духовные глаза, и я увидел, что прямо под поверхностью земли было очень много змей. Люди об этом не догадывались, они были уверены, что стоят на твердом основании. Я стал кричать им: "Змеи под вашими ногами!" Но они ответили: "Нет, под нашими ногами все в порядке". Я снова закричал: "Нет, там змеи под ногами!" Люди не реагировали на мои слова. Затем я взял лопату и разворошил поверхность и тогда отовсюду полезли змеи. При виде их все начали в панике разбегаться, а я закричал: "Не бегите, вам дана власть наступать!" Я стал раздавать мечи, тогда люди возвратились на свои места и стали рубить этих змей.

Дух Святой начал объяснять мне, что змеи

олицетворяют ложь. В современном христианстве многие вещи поверхностно выглядят в порядке, все религиозно прикрыто, но в основании – дух лжи. Дьяволу удалось обмануть человека в образе мышления, и через эту ложь он получил доступ в жизнь верующего человека. Ложь имеет огромную силу, именно этим пользуется сатана – он не приходит с рогами и хвостом, он приходит с силой лжи и обольщения в виде ангела света – это его сильная сторона. Поймите, неважно, какой уровень демонической силы, никакой нечистый дух не имеет власти над верующим; но если ты остаешься младенцем, если не растешь в познании и навыках духовных, то тебя очень легко обмануть и использовать силу против тебя.

Мало того, что верующие не практикуют свою власть, они еще ужасно боятся бесов и любого рода проявлений. А в оправдание своему бессилию многие придерживаются такого мнения: *главное не трогать дьявола, тогда и он тебя не будет трогать, и лучше делать вид как будто его нет.* Что-то мы не поняли, что-то перепутали, поэтому сегодня христианство слабое: боимся бесов, боимся всякой силы вражьей, избегаем духовных тем в сфере власти и освобождения, а если затронешь – люди потом не могут уснуть от страха. Нам дана власть, но мы боимся дьявола, так что сделали его больше, чем Бога. К сожалению, это часто исходит от служителей. Сегодня с кафедры звучат учения, не основанные на завершенной работе Иисуса, а смешанные с опытом человека.

Иисус ясно сказал: "*Се даю вам **власть** наступать на змей и скорпионов и на **ВСЮ** вражью силу и ничто не* *повредит вам"* (Луки 10:18-19). Никакой бес не имеет легального права доминировать над верующим человеком. *Может ли дьявол атаковать верующего?* Может. В процессе нашего преображения, конечно, случаться может всякое: болезнь может пристать, духовный мир может удерживать успех и благословение. Но нам дана власть распознавать, наступать и убирать это из своей жизни. При этом дано обетование, что ничто не повредит нам. Обратите внимание, что во всеоружии Божьем нет снаряжения, которое защищало бы спину. *Знаете, почему?* Бог не предвидел, чтобы мы поворачивались спиной к врагу и отступали – от этого ты будешь сильно страдать. Поэтому продолжай бить врага в своей жизни до тех пор, пока не уничтожишь его. И неважно, какой уровень его сил, твоя власть сыновства не дает ему легального права на тебя.

Позвольте мне заложить всему библейское основание:

Во первых, в духовном мире дьявол и его бесы имеют силу, но у каждого она ограничена. В самом начале Бог не творил дьявола, Он творил Люцифера – это был херувим осеняющий, у которого было определенное предназначение в Царстве Божьем (Иез. 28:14). На уровень его предназначения ему дана была сила. Точно так же силой обладают все остальные сотворенные существа: бесы, демоны, мироправители тьмы века сего, начальства, власти, духи злобы поднебесной – всё это ранги царства тьмы, которые имеют разный уровень силы (Еф. 6:12). Итак, сила дьявола и бесов ограничена их природой и функцией.

Во-вторых, чтобы действовать на земле, Люциферу

нужна была не только сила, но и **власть**, которую он приобрел обманом. Через грехопадение человека на территорию земли вошло господство сатаны. Впрочем, власть сатаны была только до креста!

Вот в чем истина: когда Иисус умер и воскрес, Он **отнял** силы у начальств и властей, властно подверг их позору, восторжествовав над ними Собою (Кол. 2:15). В 28 главе Матфея Иисус сказал: *"Дана **Мне** всякая власть на небе и на земле" (Мат. 28:18)*. А далее Он вернул Своей Церкви, а точнее сыновьям Божьим, ту власть, которую потерял первый Адам: *"Се даю вам власть **наступать** на змей и скорпионов и на всю силу вражью, и **ничто не повредит вам"** (Луки 10:18-19)*. Другими словами, Иисус сказал своей Церкви: *"Я даю вам силу власти над всякой ложью, силой смерти и всякой силой вражьей – наступайте и очищайте территорию земли для Царства Божьего!"* Поэтому изгнание бесов – это не только служение освобождения, это ответственность сыновей Божьих на земле, это наша миссия.

В книге Деяний 19:13-16 вы можете увидеть важный принцип силы и власти: *"Даже некоторые из скитающихся Иудейских заклинателей стали употреблять над имеющими злых духов имя Господа Иисуса, говоря: заклинаем вас Иисусом, Которого Павел проповедует. Это делали какие-то семь сынов Иудейского первосвященника Скевы. Но злой дух сказал в ответ: Иисуса знаю, и Павел мне известен, а вы кто? И бросился на них человек, в котором был злой дух, и, одолев их, взял **над ними такую силу**, что они, нагие и избитые, выбежали из того дома"*. В то время очень сильно практиковалась магия и восточные религии, люди бегали за силой, так что даже к Петру приходили и предлагали деньги взамен на силу.

Обратите внимание, что Павел везде ходил и проповедовал Царство Божье и проповедь его была не в словах убедительных только, а **в явлении силы и духа**: он изгонял бесов и исцелял болезни. Эти религиозные люди, сыны священника Скевы, видели силу и тоже решили изгонять бесов именем Иисуса. Однако бес ответил им: *"Иисуса знаем, Павел известен, а вы кто?"* – это определяющий момент! Истина в том, что, когда мы приняли Иисуса как своего личного Спасителя, Он восстановил нас в статусе сыновей Бога: *" ... а тем, которые приняли Его, верующим во имя Его дал власть быть **детьми Божьими**, которые ни от крови, ни от хотения плоти, ни от хотения мужа, **но от Бога родились"** (Иоанна 1:12)*. Мы – сыны Божьи на этой земле, в этом статусе – **власть над дьяволом**!

Дело в том, что Павел имел легальное право **в Иисусе**, он был облечен в Иисуса, а эти люди, сыновья Скевы, не были даже рождены свыше, не были защищены, это был не их Иисус. Поэтому эти братья не имели духовной власти над силой беса, и бесы в духовном мире это тоже знали и видели! Дьявол имел легальное право над этими людьми, поэтому, когда они стали изгонять бесов, те применили к этим людям настолько огромную силу, что сорвали с них одежду и избили. Представьте сюжет: семь мужиков несутся по улице нагие и избитые:

– *Кто вы?*

– *Уже не знаем.*

– *А что вы делали?*

– Бесов изгоняли...

Сегодня в церкви многие люди так сильно стремятся, чтобы их почитали в видимом мире. *Но кто ты в духовном мире? Знает ли духовный мир тебя?* Для меня важно знает ли духовный мир меня, знает ли мой статус, силу и власть, которые даны мне в Боге.

Посылая учеников проповедовать, Иисус наделил их не только властью, но и силой. Обратите внимание на текст Луки 9:1: *"Созвав же Двенадцать, дал им **силу** и **власть** над всеми бесами и врачевать от болезней"*. Это еще один значительный момент: **важна не только власть, но и духовная сила!** Поэтому перед вознесением Иисус сказал: *"Я передал вам всю власть на земле, а теперь ждите обещанного от Отца! **Вы примете силу**, когда сойдет на вас **Дух Святой** и станете Мне свидетелями" (Деян.1:8)*. Сила, которую мы приняли в Духе Святом, неограниченная вообще. Если у бесов сила ограничена, то сила, которую мы приняли на ту власть, которую мы имеем как сыновья, – не ограничена. Дальше вопрос твоего роста в Духе Святом!

Однажды, когда я перечитывал книгу Деяний, Бог остановил меня и сказал: *"Если бы ты мог посмотреть духовными глазами, сколько сегодня людей в духовном мире нагие и избитые"*. Я прямо увидел пророческое значение: когда мы не имеем силы Божьей, то в духовном мире мы обнаженные и побитые ложью. В Евангелии апостол Павел пишет: *"Только бы нам и одетым не оказаться нагими" (2 Кор.5:3)*.

Все, что дьяволу нужно, – это обмануть и создать в человеке неправильный образ мышления, чтобы использовать демоническую силу в его жизни. Если ты не растешь в познании и навыках духовных, то тебя очень легко обмануть. Поймите, нам нельзя оставаться младенцами. Рождение свыше – это твое духовное начало, а дальше нужно расти в Боге и учиться ходить в Иисусе. Многие это игнорируют. Поэтому, к сожалению, в духовном мире получается следующая картина: бесы и вся духовная иерархия имеют силу, но их сила ограничена, и они не имеют легального права пользоваться ей на земле; а многие верующие приняли власть, но не имеют достаточно силы, чтобы прогнать этих бесов, потому что не растут в своем статусе и силе Божьей. Вот вам и парадокс: *одни имеют силу, но их сила ограничена, и они не имеют власти, другие имеют власть, но не растут в силе.*

Власть в статусе, сила – в Духе Святом. Есть стадии возрастания в Боге, и *"наследник, доколе в детстве ничем не отличается от раба, хотя и господин всего"* (Гал. 4:1). У меня есть сын, его статус дает ему полную власть в доме, но мой сын еще маленький, поэтому из-за своего возраста он не может пользоваться силой власти. Бог ожидает, чтобы Его сыновья росли и брали ответственность. Когда сын растет, он, согласно уровню своего развития и возрасту, начинает пользоваться властью. *Насколько ты этого хочешь?* Чем больше ты будешь расти, тем сильнее ты сможешь поражать всякую вражью силу.

Переживай за свое духовное состояние, чтобы каждый день расти в Боге и соединяться с Духом Святым. Дух Святой – это не сила, но в Духе Святом – Божья сила, поэтому чем больше близости с Духом Святым, тем больше проявляется Его сила и природа Бога. Когда мы соединяемся с Ним, мы преображаемся в тот же образ. *Что для меня значит соединение с Духом Святым?* Это соединение с Богом в духе, когда ты в тайной комнате проводишь с Ним время один на один. Дело в том, что **иметь Духа Святого и соединяться с Духом Святым – это не одно и то же!** Многие боятся употреблять фразу "интимные отношения" по отношению к Богу, но именно об этом пишет апостол Павел: *"Соединяющийся с Господом есть один дух с Господом"* (1Кор. 6:17). Соединяться с Богом – это значит слиться в одно, когда Дух Божий и дух человека соединяются в одно целое на уровне духа.

Я увидел, что можно ходить в церковь, но не иметь близких отношений с Богом. Многие думают, что, когда они слушают проповедь, они имеют личные отношения с Богом. Это не так! Если ты слушаешь проповеди, поешь в церкви или молишься духом по дороге на работу – это нужно и здорово, этим ты созидаешь себя, но это общение. Однако соединение и близкие глубокие отношения с Духом Святым – это другое.

Я поставил личные отношения с Богом приоритетом в своей жизни. Поэтому я отделяю время, чтобы соединяться с Ним каждый день. В это время я не слушаю проповеди или песни поклонения, я отключаю свое внимание от внешнего мира, чтобы все мои мысли были сосредоточены на Нем и Его слове. Я ожидаю в тишине до тех пор, пока войду в Его покой, и просто читаю слово, которое открывает мне Саму Личность. Я познаю Его и учусь слушать Его. *Способен ли ты наслаждаться Им в тишине? Способен ли слышать Его голос внутри себя?*

Наша сила в единении с Духом Святым. В этом процессе ты обязательно будешь преображаться в образ Иисуса, в тебе появятся Его чувствования. В Его природе Его сила, ты сам почувствуешь, как Бог поднимает тебя во власти и силе: когда ты откроешь уста, слово будет исходить не от тебя – оно будет выходить из природы Божьей. Весь духовный мир будет видеть не тебя, но сына Божьего через тебя. Духовный мир будет слышать не твой голос, но голос природы Божьей, поэтому и будет реагировать на слово, озвученное тобой.

Я помню, как после конференции в Рединге я начал конкретно заниматься уличной евангелизацией. Я был молодежным пастором и при церкви организовал большую команду молодежи. По субботам мы выходили в город, чтобы практиковать свою веру: свидетельствовать об Иисусе и молиться за больных. Одна суббота мне запомнилась по-особенному. Распределившись на небольшие группы, мы отправились в разные точки города. Я с братьями поехал в центр. Мы несколько часов свидетельствовали прохожим и молились за них.

Возвращаясь обратно, мы прошли под мостом, где обычно ходит много народа, и начали подниматься на небольшой холм. Навстречу нам спускались две женщины, одна из которых была в инвалидной коляске, а другая везла ее. Женщина в коляске была обмотана медицинскими трубочками. Мы торопились – я даже не подумал бы останавливаться. Однако, поравнявшись с ними, я вдруг ощутил, как Дух Святой обратил мое внимание на женщину в коляске и сказал: *"Молись за нее"*. Это были доли секунды: я резко остановился, наклонился к женщине и выпалил: "Здрасьте!" – та вздрогнула от неожиданности, но потом тоже поздоровалась. Тогда я начал говорить ей, что я верующий человек… Она перебила меня и воскликнула:

– Я тоже верующий человек!

Я ответил:

– Я верю в Бога, который творит ЧУДЕСА!

– Я тоже верю в Бога, который творит ЧУДЕСА, – ответила женщина.

Тогда я сказал:

– Знаете, если вы верите в чудеса и я верю в чудеса, то если мы вместе согласимся – чуда не миновать! Бог обязательно явит Себя!!! Можно я помолюсь за вас?

Она ответила:

– А давай, молись!

Женщина, которая везла ее, похоже была медсестрой, она сказала мне: "Да что за нее молиться – у нее там столько болячек, что места живого нет". *Ну тогда Аллилуйя, тем более давай молиться.* Я обращал внимание не на огромный букет ее болезней, но на силу исцеления!

Мы с братьями возложили руки и стали молиться, вдруг женщина закричала: *"Огонь в моей груди! Огонь в моей груди!"* И что интересно, вокруг нас снова, как и тогда на парковке, собралась толпа людей. Женщина продолжала повторять: *"Огонь в моей груди!"* Тогда я сказал:

– Если ты чувствуешь сильный огонь, значит это время

вставать с коляски.

Она не была парализованной: с позвоночником и ногами у нее было все нормально, однако в ее теле были другие болезни и немощи, которые не давали ей нормально жить, поэтому она была вся в трубочках, а из коляски торчали какие-то баллоны и датчики. Посмотрев на меня еще раз, она начала срывать с себя все трубочки: из носа, изо рта, с рук... А медсестра спохватилась и в панике закричала:

– Ты что делаешь! Ты в своем уме? Стой, тебе сейчас конец будет...

Но женщина не слушалась, а только крикнула в ответ:

– Огонь в моей груди! Я больше не могу оставаться с этими трубками!

Она сорвала все их с себя и бросила на землю, потом соскочила с инвалидного кресла и стала вдыхать воздух полной грудью, потом двигаться, прыгать, бегать и все это время повторяла: *"Огонь в моей груди..."* Мы радовались вместе с ней и благодарили Бога, после чего взяли ее номер телефона и спросили разрешения позвонить ей. Я хотел узнать, как она будет себя чувствовать спустя какое-то время. На этом мы попрощались *и разошлись все по домам...*

Спустя недели две она пришла мне на память, и я набрал ее номер. Услышав мой голос, женщина очень обрадовалась: *"О, русский парень! Ты молился за меня две недели назад. Я хочу, чтобы ты срочно приехал ко мне!"* – сказав это, она продиктовала свой адрес. Я взял с собой несколько братьев и отправился на встречу.

Приехав по адресу, мы увидели библейскую школу, где

полным ходом шли занятия и вокруг ходило много студентов. Как оказалось, эта женщина была не просто верующим человеком, а директором библейской школы. Она уже долгое время была в Боге. Последние несколько лет ее физическое состояние настолько ухудшилось, что пришлось использовать инвалидную коляску. Но самое худшее, что ее состояние препятствовало заниматься библейской школой – местом, куда призвал ее Бог. За ее исцеление много раз молились разные служители, однако улучшения не последовало, у них не было силы против этой болезни. Посмотрев мне в глаза, она произнесла такие слова: "Я хочу, чтобы ты знал: я глубоко верующий человек и долгое время сама обучаю студентов Священному Писанию. Я очень внимательна, кому позволяю молиться за себя, особенно с возложением рук! Я свою голову никогда не подставляла под всех служителей, тем более на улице! Тем более первому попавшемуся, который захотел за меня помолиться! Понимаешь? Я бы в жизни никогда не согласилась, чтобы ты за меня молился, *если бы...* – и она сделала большую паузу.

– Если бы что? – переспросил я.

– Помнишь, как ты наклонился и посмотрел мне в глаза, и сказал: *"Можно я за тебя помолюсь?"* Я ведь не тебя увидела, в твоих глазах я видела Иисуса. Пойми, я видела в тебе Иисуса! Поэтому я доверилась, но не тебе, а Ему, Который внутри тебя, и позволила возложить руки, потому что знала, что Он сделает чудо".

Затем она добавила: *"Не останавливался, продолжай искать Бога так, как ты ищешь Его сейчас, продолжай делать то, что ты делаешь".*

Меня сильно тронули ее слова о том, что она увидела во мне Иисуса! Возвращаясь домой после той встречи, я вдруг услышал голоса Духа Святого внутри себя: *"Вы – письмо Христово, всеми читаемое, написанное не чернилами, но Духом Бога Живого"* (2Кор. 3:2-3). Поймите, теперь ты и я – Его Тело на земле, Его руки и ноги, мы письмо, всеми читаемое. **Он дал нам власть и силу, власть в статусе сыновства, силу – в Духе Святом.** Инвестируй время в то, что действительно важно, – соединение с Духом Святым, – и Его слава в тебе будет и бесов изгонять, и больных исцелять, и солнце останавливать, и ветер и дождь будут повиноваться, и все вокруг будет меняться. Ты увидишь, как вырастаешь в такое состояние внутри, когда *Сын Божий откроется через тебя в силе по духу святыни.*

Мы – сыны Бога на этой земле и наследники всех великих и драгоценных обетований. Ведите себя соответственно тому, кто вы есть! Начинайте практиковать то, во что вы верите. Суть в том, чтобы в нашем поколении открылись сыновья Божьи, ибо все творение ожидает откровения не пятидесятников, не харизматов, не католиков, а сыновей, которые будут видеть Отца творящим, будут брать ответственность и очищать землю, каждый в своей сфере, на территории своего влияния, чтобы убрать все, что находится здесь нелегально. Иисус все совершил и дал тебе власть и силу, теперь все зависит от тебя! Аллилуйя!

ГЛАВА 11

ЧЕЛОВЕК, КОТОРОГО ИСПОЛЬЗУЕТ БОГ

"Уверовавших же будут сопровождать сии знамения: именем Моим будут изгонять бесов; будут говорить новыми языками; будут брать змей; и если что смертоносное выпьют, не повредит им; возложат руки на больных и они будут здоровы" (Мк. 16:17-18).

Во время крусейдов мы видим проявления Божьей силы и славы, но вот в чем дело: это должно сопровождать не только поездки, а всю нашу жизнь. В этом отрывке Писания Иисус говорит не о духовных дарах и конференциях, речь идет о Божьей реальности как **образе жизни** для уверовавших. Когда ты растешь в статусе сыновства, реальность Царства Божьего начинает сопровождать всю твою жизнь: на все, к чему прикасаются твои руки, начинает приходить содействие Бога и помазание восстанавливает то, что было разрушено дьяволом.

Я хочу подчеркнуть, что этот образ жизни будет сопровождать **уверовавших.** Твоя вера – это твоя

уверенность в невидимом, в которой осуществление ожидаемого, это твой ежедневный образ мышления. Ты в Нем посажен на небесах, где Царство Божье уже внутри тебя Духом Святым, Его реальность становится твоей реальностью и твои слова в послушании Духу Святому. Продолжай расти в отношениях с Духом Святым и поверь, без труда ты не останешься. И еще, не переживай, если ты сейчас не покоряешь народы, продолжай пребывать в слове и учении Царства Божьего. Тогда Бог будет восстанавливать тебя изнутри, наполнять, снаряжать, а потом выпустит как стрелу заостренную, и куда ты ни придешь, там уже не останется все как прежде. Дорогой друг, Бог побуждает меня говорить лично к тебе: сейчас Дух Святой восстанавливает сферу твоего **образа жизни**, чтобы Он мог проявляться через тебя везде. Бог будет посылать тебя в различные ситуации, чтобы ты мог свидетельствовать о Нем, приносить небо на землю, являя Его силу, чтобы все обратились и уверовали в живого и великого Бога.

Я помню, как однажды проводил ряд конференций в Украине и на одном из служений ко мне подошел один пастор и подарил книгу *"Человек, которого будет использовать Бог"*. Я поблагодарил его, сказав, что обязательно прочитаю ее в самолете, когда буду лететь домой. Перелет из Киева в Нью-Йорк довольно долгий. Итак, сев в самолет, я с удовольствием открыл книгу и начал читать. Мое сиденье было с краю, а через проход от меня сидела русская женщина. Когда самолет начал подниматься в воздух, я вдруг заметил, что женщина начала странно себя вести: схватилась руками за спинку кресла перед собой, согнулась и начала стонать, как будто задыхалась.

В тот же момент я почувствовал побуждение помочь и как бы голос внутри меня говорил: *"Что ты смотришь? Давай, молись за нее"*. Я понимал, что сейчас буду выглядеть как белая ворона и непонятно, как на все это отреагируют окружающие. Посмотрев на нее еще раз, я решил: *"Лучше буду молиться духом"*. А интересно, что сам держал в руках книгу *"Человек, которого будет использовать Бог"*. Чем больше я молился на языках, тем хуже ей становилось. К тому же мне не давали покоя мысли о том, что она сейчас помрет, а я буду всю жизнь мучиться, что не помолился. Вдруг я ясно услышал голос Божий: *"Убери книгу, перестань молиться и прикажи духу смерти убраться"*. Я решил, что даже если у меня ничего не получится, я лучше буду пораженным в видимом мире, но послушен Духу Святому, чем буду воспринят этим миром, но отчужден от жизни Божьей.

"Извините, вам плохо?" – спросил я. Она не могла мне даже ответить, только покивала головой и показала на сердце. Я продолжил: *"Я не могу вам объяснить всего сразу, но я человек Божий, служитель церкви… Вот даже книгу читаю. Я верю, что Бог Всемогущий и может коснуться вас прямо сейчас и исцелить. Вы хотите, чтобы я за вас помолился?"* Она покивала головой. Тогда я приподнялся со своего кресла и протянул руку, чтобы возложить на нее и молиться. В тот момент какая-то девушка начала идти по проходу и остановилась возле нас. Не знаю, как это объяснить, но сделав шаг веры, я прямо почувствовал, как ушло всякое

смущение и на меня сошло и дерзновение, и помазание Духа Святого. Я повернулся к этой девушке и сказал: *"Постой, я здесь занят делом Божьим. Подожди, пока я помолюсь за эту женщину"*. Она отступила немного назад и стала смотреть, как я буду изгонять духа смерти...

Возложив на женщину руки, я начал повелевать всякой болезни и духу смерти убираться вон во имя Иисуса Христа! Девушка, услышав эти слова, похоже перехотела куда-либо идти и умчалась на свое место. А я продолжил приказывать и провозглашать: *"Сердце, будь исцеленным во имя Иисуса!"* В тот момент женщина приподнялась, глубоко вдохнула воздух и воскликнула: *"Слышу! Слышу!"* Я начал-было переживать, что ей стало еще хуже и она уже пение ангелов слышит, поэтому сразу уточнил: *"Что вы слышите?"* Она ответила: *"Слышу голос стюардессы!"* Затем она достала платок и стала вытирать лицо, а я сел на свое место и снова стал читать.

Через некоторое время женщина повернулась ко мне и начала рассказывать свою историю. Как оказалось, ей категорически нельзя было летать, потому что после операции в ее сердце вставили какой-то клапан. Тем не менее она вместе со своим доктором подписала специальную форму и добилась, чтобы ей дали медицинское освидетельствование. Эта женщина взяла на себя всю ответственность и полетела, так как больше 10 лет не виделась с дочерью, которая жила в Нью Йорке. При взлете она стала терять слух: *"Я то слышала объявления стюардессы, то все пропадало. А потом у меня начало останавливаться сердце, я стала задыхаться и не могла даже слова сказать. Сынок, я так обрадовалась, что ты появился и заговорил, тебя ведь мне Сам Господь Бог послал! Я не могла расслышать все, что ты говорил, но последнюю фразу "Можно помолиться за вас?" я услышала. Когда ты положил на меня руку, первое, что я почувствовала, – это как из меня что-то вышло, как ветер, и сразу открылись мои уши. А затем и сердце успокоилось".* Ох как было приятно это слышать! Я пообщался с этой женщиной, рассказал ей о Боге, а затем снова открыл книгу и еще с бо́льшим дерзновением продолжил читать.

Подлетая к Нью Йорку, самолет попал в турбулентность и нас начало трясти. С первого раза мы не смогли пойти на посадку и пошли на второй круг. Трясти стало еще сильнее. Вдруг я ощутил, что многие люди пристально смотрят на меня. И тут я понял, что они видели, что происходило с женщиной и как я молился за нее. И сейчас, когда им было страшно, они реально смотрели на мою реакцию. Со второго круга мы снова не смогли сесть и пошли на третий круг. Нас так сильно кидало, что мне самому стало страшно. Я уже не знал, куда деть эту книжку. Единственное, что меня успокаивало в тот момент, – это понимание того, что, когда ты призван и водим Духом Святым, Господь держит тебя в Своей руке и пока ты не исполнишь своего призвания – умирать нельзя. В этой атмосфере внутри меня появилось слово к одному человеку, я повернул голову к женщине и сказал: *"Не бойся, все будет нормально, ты сегодня увидишь свою дочь".*

Я так благодарен Богу, что оказался именно в том

самолете, на том сиденье и мог засвидетельствовать о реальности Бога. Я чувствовал, что был послан от Бога в ту ситуацию. Посмотрите на Иоанна Крестителя, о нем написано, что *был человек, послан от Бога, он пришел для свидетельства, чтобы свидетельствовать о свете, дабы **все уверовали через него*** (Ин. 1:6). Он был послан не от религиозной организации, а напрямую от Бога, чтобы свидетельствовать – для этого нужно не рукоположение, а отношения с Духом Святым, и прежде чем мы служители церкви, апостолы, пророки, учители – мы свидетели Царства Божьего. Поэтому я призываю вас: изучайте Царство Божье. Что это за образ жизни *"здесь на земле, как и на небе"?* Если на небе нет болезни, нет страха, насилия, отверженности, депрессии и всего прочего, значит Его воля в том, чтобы этого не было на земле. Мы посланники от имени Христова, мы имеем доступ в Царство Божье прямо сейчас – принесите это на землю!

Я часто размышляю о том, какой образ жизни был у Иисуса, какие крусейды в Свое время проводил Он! Там же происходили невероятные чудеса, знамения, исцеления!!! При этом Иисус сказал: *"Истинно, истинно говорю вам: верующий в Меня, дела, которые творю Я, и он сотворит, и больше сих сотворит; потому что Я к Отцу Моему иду".* (Ин.14:12) Только задумайтесь, ведь помимо всего, что мы читаем в Евангелии, написано: *"Многое другое сотворил Иисус. Если бы писать об этом, то самому миру невозможно было бы вместить этих книг"* (Ин. 21:25). Многие дела Иисуса не вошли в тексты Писания, мы о них ничего не слышали, не знаем. Мы даже не представляем сколько было явлено силы Божьей через Иисуса на земле и какое безмерное могущество Его сегодня в нас!

Когда Божья сила проявлялась, ее невозможно было объяснить логически или религиозным образом. Невозможно! Поэтому фарисеи и многие религиозные люди не принимали Иисуса, не принимали апостолов, а позже не принимали многих Божьих генералов. Проявлению силы и чудесам не все были рады. Я встречал верующих людей, которые всегда ревностно молятся об излиянии Божьей силы и в то же время, когда сила проявляется, осуждают ее, проклинают ее, приписывая ее вельзевулу. Мне так хочется им сказать: *"Да вы не туда смотрите. Бог отвечает языком нужды этого поколения. Я не могу контролировать силу Божью. Да и не хочу! Я просто хочу быть Его каналом между небом и землей".*

Я не забуду одну поездку в Германию, куда меня пригласили послужить на празднике Пятидесятницы. Перед поездкой пастор позвонил мне и в течение разговора несколько раз повторил:

– Мы жаждем, чтобы Бог проявил Свою силу.

– А вы на самом деле открыты к силе Божьей? – переспросил я.

– Да, мы очень открыты. Мы хотим, чтобы это был настоящий праздник Пятидесятницы.

Итак, в пятницу вечером я служил в той церкви и говорил о силе Божьей. После проповеди я молился за всех людей, которые вышли вперед. Дух Святой исцелял, освобождал и восстанавливал многих, но мне запомнилась одна девушка. Во время молитвы, когда я стал к ней приближаться, ее буквально снесло силой Духа Святого. Я даже не успел возложить на нее руку, она сама отлетела и упала на пол. Мы не стали ее трогать, а продолжали служить людям. Через несколько часов, когда все закончилось, ко мне подошел пастор и спросил: *"Что делать? Посмотри, она до сих пор не встает"*. Я наклонился к ней и спросил: *"Что ты чувствуешь?"* Она приоткрыла глаза и ответила: *"Много света и много мира..."* Тогда я сказал пастору: *"Оставьте ее так, не поднимайте, потому что Бог исцеляет ее изнутри"*.

В ту ночь Господь поднял меня в 4 утра молиться и я почувствовал, как через меня Дух Святой ходатайствует о чем-то. Затем Бог начал говорить: *"Мои дети не знакомы с Моей силой. Они не знают ее. Они просят: Бог, дай нам Твою силу, – а потом осуждают ее. Как они ее представляют? Чему они уподобят Меня? Мой народ не готов, молись о просвещении, молись о том, чтобы люди могли вместить Мое слово"*.

Многие привыкли к определенной форме христианства, но многого мы еще не знаем о силе Божьей, поэтому не спешите судить. Пусть различные проявления Духа Святого не станут для вас препятствием принимать от Бога. Люди так устали от красивых фраз, они как приходят с болезнями в Дом Божий, так и уходят с болезнями. Что-то в этом не так! Что-то должно поменяться! Чем дальше мы идем во времени, тем сильнее будет нужда в силе Божьей. Ведь Царство Божье не в слове, а в силе!

Мне постоянно задают один и тот же вопрос: *"Почему на твоих служениях люди падают?"* Знаете, я и сам задавался этим вопросом и спрашивал их: *"А почему вы падаете?"* Они отвечали мне: "Мы не знаем, сильное присутствие Бога проходит через наше тело, и тело становится как вата". Давайте посмотрим в Писания: когда в Гефсиманском саду толпа пришла арестовать Иисуса, они пытались схватить Бога человеческой силой. Иисусу нужно было продемонстрировать, что Он Сам отдал Себя, потому что в этом была воля Отца. Христос произнес и открыл Свое имя *"Я есмь!"* – и сила вышла и все упали. Они не в поклонении упали! Нет, там все свалились, кто как был, потому что когда Иисус озвучил Свое имя, была открыта сила и сущность Самого Бога.

Я ревную о силе Божьей и отношениях с Духом Святым. Однажды Бог сказал мне: *"Если ты хочешь двигаться в силе Духа Святого, тебе придется умереть для себя. Многие люди тебя перестанут принимать, потому что будут судить по взгляду очей и по слуху ушей"*. Я люблю изучать историю и хочу сказать, что люди, которые действовали в силе Божьей, часто были гонимы; поэтому человека, которого использует Бог, не все будут принимать.

На следующий день я служил в другом месте и только в воскресенье вернулся в ту церковь, где был в пятницу. Как только я подъехал, ко мне подбежал пастор и позвал к себе в офис. "Андрей, – сказал он, – я должен рассказать тебе, что произошло в пятницу. Как только ты уехал, появился отец той девушки. Он очень религиозный человек. Он забежал в церковь с криком: *"Где этот колдун?"* А потом начал злословить тебя. Мы пытались остановить его. Но он и нам всем рот закрывал и продолжал кричать: *"Где этот колдун?"* Потом он забрал свою дочь и уехал. Поверь, это была жуткая сцена".

Отец закрыл эту девушку в комнате. Она позвонила пастору и начала просить:

– Пастор, пожалуйста, забери меня в церковь. Я хочу в Дом Божий!

Пастор спросил:

– Что произошло с тобой в пятницу?

– Знаете, я никому не говорила об этом, но я выросла под насилием. Мой отец постоянно распускал руки и сильно бил меня. У меня была ненависть к нему и сильнейшее непрощение. А в пятницу ко мне пришел Иисус, я встретилась с Богом!!! Пастор, забери меня на собрание, я хочу снова в Дом Божий!

Говоря об исцелении, мы зачастую думаем только о физическом теле. Дух Божий хочет принести восстановление во все сферы: дух, душу и тело. Вы даже не представляете сколько сегодня нужно исцеления именно в сфере духа и души, чтобы человек начал видеть Бога правильным взглядом и видеть себя глазами Отца Небесного. Многие реально мучаются внутри, и корень их физических проблем уходит глубоко в сферу души и духа. Из-за неправильного образа учения люди порабощены в мышлении, образ Бога искажен многими человеческими теориями, и люди не видят истины о себе. А если ты веришь неправильно – живешь неправильно. Я слышал очень многих служителей, которые просто подстраивают Библию под свою конфессию. Поэтому, друзья, изучайте Писания и будьте очень внимательны, от кого вы слушаете учение о Боге, следите за тем, какой информации вы позволяете стать частью вас.

Однажды Иисус сказал фарисеям и саддукеям: "*Этим ли вы приводитесь в заблуждение, не зная Писаний, и силы Божьей*" (Мк.12:24). Эти люди изучали Писания, но буква без духа мертва! **Одно без другого не бывает: нужно знать не только Писания, но и силу Божью.** Я исследую каждую строку, каждое слово Иисуса, потому что в каждом слове, которое Он озвучил, заложена целая вечность! Иисус проповедовал о Царстве Божьем и открывал нам Отца. И я заметил, что именно религиозный образ мышления всегда воюет против проявления Царства Божьего. Сколько ты ни показывай, ни свидетельствуй, ни предоставляй на блюдечке чудеса, которые делает Бог, все равно, самые жесткие люди – это религиозные люди, они видят букву и не видят нужд других людей.

Представьте женщину, которая 18 лет была сгорблена и измучена. *Знаете, где Иисус ее встретил?* В СИНАГОГЕ! Женщина не просила об исцелении, Иисус Сам заметил ее измученное состояние… А у фарисеев даже не ёкнуло сердце, когда произошло исцеление. Им было это безразлично, их раздражало то, что Он совершил это в субботу – не так как было принято в их собраниях. Я говорю с болью в сердце: можно своими глазами видеть реальное чудо от Бога и не видеть Бога, а только субботу!

Мы читаем также о Никодиме, который пришел к Иисусу ночью. Это был начальник Иудейский, фарисей в авторитете, учитель закона, от кафедры не отходил, все учил, а тайно пришел к Иисусу и признался: *"Мы знаем, что Ты – учитель от Бога, ибо **таких чудес**, какие Ты творишь, никто не может творить, если не будет с Ним Бог"* (Ин.3:2). Другими словами, до него дошло, что в их религиозной структуре что-то не работает: *"У нас учителя только учат, а Ты являешь то, о чем говоришь – реальность Бога"*. Драгоценные, мы должны учить не словами только, а всем образом жизни, спускаться с кафедры и служить людям, демонстрируя силу Духа Святого.

Посмотрите на апостола Павла в 1 Кор. 4:19-20: *"Но я скоро приду к вам, если угодно будет Господу и **испытаю не слова** возгордившихся, **а силу**. Ибо Царство Божие не в слове, а в силе"*. И еще он же пишет в 1Кор. 2:4-5: *"И слово мое и проповедь моя не в убедительных словах человеческой мудрости, но **в явлении духа и силы,** чтобы вера ваша утверждалась не на мудрости человеческой, но на силе Божьей"*. Почему мы закрываем глаза на эти места Писаний?

К сожалению, я увидел в христианстве многих, имеющих вид благочестия, но силы Его отрекшихся; и Библия учит убегать от таких. Убегать, потому что есть похоть этому поддаться! Дьяволу удалось отделить служение Богу от нашего образа жизни. Это люди, которые играют в свои религиозные игры, переживают за кафедру, за статусы, за мнения людей и **не знают**, что значит близость с Духом Святым. Какая разница, что ты епископ, если ты не имеешь силы Божьей! Есть ли плод твоего учения? Знают ли тебя в духовном мире? Это касается не только служителей. Друзья, нам нужно жить не верой отцов и преданием старцев, но словом исходящим из уст Божьих!

Я никогда не знал, что мое страстное желание служить Богу вызовет такую реакцию, где верующие люди будут пытаться тебя уничтожить. Но есть такое состояние, когда тебе уже – все равно на мнения людей, потому что есть свидетельство твоего образа учения, когда Сам Бог подтверждает это чудесами и знамениями. Сколько бы люди ни высказывали разные мнения, есть дела, которые говорят громче слов. Если ты хочешь ходить в силе Божьей – закрой свои уши на то, что и кто про тебя будет говорить, перестань следить за мнением людей, отстрани от себя всякий религиозный бред. Мы не можем свою жизнь строить на мнениях людей. Я молюсь, чтобы Бог освободил тебя от этого, чтобы ты ходил перед Богом и мог быть тем, кто ты есть в глазах Господа. Никогда не останавливайся в познании Бога. Я понял, какое это классное состояние – полностью зависеть от мнения Бога, жить Самим Богом, быть под Его господством и водительством Духа Святого.

Я слышу, как Дух Божий говорит сегодня: *"Я возбужу ревность, долго молчал Я, терпел, удерживался; теперь буду кричать, как рождающая. Я выйду в силе как исполин, как муж браней"* (Ис. 42:13-14). Я верю, что начинается новый сезон Церкви: помазание разрушит всякое ярмо, смоет всякие маски, наигранность, религиозный дух, и будет проповедано сие Евангелие Царства по всей земле в славе Божьей, в силе Духа Святого, в чудесах и знамениях и уверовавших будут сопровождать сии знамения, так что **это станет нашим образом жизни…**

ГЛАВА 12

ЭТО СТАЛО ОБРАЗОМ МОЕЙ ЖИЗНИ

Я помню, как у алтаря в день моего покаяния я поднялся с колен, посмотрел в небо и произнес: *"Бог, двадцать два года я только слышал о Тебе, но никогда не знал Тебя лично, я не знал Твоего присутствия, не знал Твоей силы и славы. С этого момента я буду делать все, что в моих силах, чтобы познавать Тебя, кто Ты есть на самом деле!"*

А ведь я вырос в христианской семье, с детства слышал Евангелие, но я не знал Бога лично: я просто жил, зная о Нем. К сожалению, многие христиане так и живут, зная **об** Иисусе. Но есть те, которые ходят **с** Иисусом, и есть те, которые **ходят в Иисусе**. Я стремлюсь именно к этому, как написано: *"Посему, как вы приняли Христа Иисуса Господа, так и **ходите в Нем**"* (Кол 2:6). Обратите внимание, что *ходить в Нем* – это постоянный процесс. И этот процесс будет стоить всего: придется переоценивать всю свою жизнь, время, цели, ценности, приоритеты, придется каждый день побеждать самого себя, преображаться, умирать для себя и держать внимание на Нем.

В моей жизни все началось именно с жажды познания Бога. Все мое естество возжелало Его, и Господь начал открываться мне ОЧЕНЬ ВЕЛИКИМ. Я стал радикально посвящать себя Богу, и постепенно ко мне стали присоединяться такие же люди, которые жаждали личного познания Бога. Команда становилась все больше и больше. Господь начал просвещать и открывать для нас двери в разные страны, чтобы исполнять Его слово и проповедовать Евангелие Царства по всему миру. Мы шли из одной страны в другую, третью, четвертую и шаг за шагом начинали видеть славу Божью. Когда мы первый раз приехали в Эфиопию, нас там никто не знал, мы шли в самые дикие места и поселения, а затем – по всей стране из города в город. Бог являл Себя в чудесах и знамениях, освобождая людей, и с каждым разом Его слава изливалась все в большей мере.

Десятая страна, двадцать пятая страна… С каждым годом все больше и больше... Мир стал маленький, я потерял географическую ориентировку и не уже думаю о том, где нахожусь: в Африке, Америке, Европе. У меня просто очередной день, потому что вся моя жизнь – это миссия, это познание Бога, Его силы и славы. И неважно крусейд ли это в Африке, или поездка в местный супермаркет, я хочу везде жить Его реальностью, служить людям и возвещать силу Господа и славу Его! Возвещать роду грядущему! Библия говорит: *"Открою уста мои в притче… не скроем от детей, **возвещая роду грядущему славу Господа и силу Его, и чудеса Его, которые Он сотворил**"* (Пс. 77:2-4). Мы должны открыть славу Божью нашим детям и передать следующему поколению Его силу и чудеса, чтобы люди познали Бога Чудного, Великого, Всемогущего и переживали Его повсюду.

На сегодняшний день, когда я пишу эту книгу, Бог позволил мне побывать больше чем в 40 странах и служить сотням тысяч людей на огромных стадионах, где в одно мгновение происходят множества исцелений. И поскольку каждый крусейд – это сильнейшая трансформация духовной атмосферы на территории, где он проводится, мы стали свидетелями невероятных чудес, освобождений и исцелений. Столько удивительных историй, столько славы Божьей! Но есть такие свидетельства и чудеса, которые потрясают и запоминаются навсегда…

Я никогда не забуду, как несколько лет назад мы проводили крусейд в Эфиопии. Во время моей проповеди Дух Божий касался слушающих так, что начали происходить исцеления и освобождения. В это время на крусейд привезли девушку, которая просто бесилась. Она полностью была связана веревками: локти стянуты сзади, кисти перевязаны, к тому же ноги обмотаны железной цепью и висел замок. Ее тянули шестеро братьев из группы порядка и, дотащив до края платформы, оставили на земле. Ребята из команды сразу же спустились с сцены послужить ей. Рядом с девушкой стояла мать, которая рассказала, что ее дочь невозможно усмирить, поэтому ее держат связанной веревками уже более десяти лет! У этой девушки изо рта шла пена, она реально бесновалась. Но как только братья стали молиться и повелевать бесам выйти во имя Иисуса, девушка довольно быстро успокоилась и освободилась. Ее мимика мгновенно поменялась, она начала плакать и что-то напевать. Кто-то из команды решительно сказал: *"Развязываем ей руки и ноги!"* Вдруг мать закричала: *"Нет, ни в коем случае! Вы не представляете, что сейчас здесь будет!"* Братья ответили: *"Бог освободил ее! Снимаем цепи!!"* Но мать этой девушки кинулась бить наших ребят, при этом кричала: *"Не снимайте! Она нас всех сейчас разорвет! Она очень опасная!"* В общем кое-как все-таки удалось успокоить мать и убедить ее отдать ключ от замка, чтобы снять цепи. Женщина в ужасе смотрела, как развязывают ее дочь.

Представьте, какой была жизнь этой девочки за последние десять лет. Когда братья сняли цепи и развязали веревки, девушка поднялась с земли и со слезами на глазах обняла свою маму. Они долгое время стояли обнявшись и обе плакали, а девочка повторяла: *"Я люблю тебя, мама. Я люблю тебя, мама"*. Удивительно, насколько ее наполнила сверхъестественная любовь Божья, потому что она начала ходить и обнимать людей, при этом что-то им напевая. Мы попросили мать рассказать всем людям об этом чуде. Когда дочка с матерью поднялись на сцену, в своих руках они держали цепи и веревки и свидетельствовали о невероятной силе Божьей, которая разрушила всякую демоническую силу в их жизни. Затем девушка добавила: *"Я всегда мечтала петь, теперь я не только голосом буду славить, а всю свою жизнь посвящу, чтобы прославлять великого Бога"*.

Я никогда не забуду, как на одном из крусейдов в Эфиопии с нами в команде была женщина из Германии.

ЭТО СТАЛО ОБРАЗОМ МОЕЙ ЖИЗНИ

Она открыто говорила мне, что никогда не видела реальных чудес и тем более через нее Бог никогда не исцелял: *"Но знаешь, я всегда мечтала увидеть, как Господь исцеляет полностью слепого, так что человек впервые начинает видеть!"* Во время того крусейда ощущалось сильное помазание Святого Духа и вся наша команда отправилась в многотысячную толпу молиться за людей. Эта сестра тоже пошла со всеми и представьте, сразу перед собой она увидела слепую женщину. Она не растерялась, возложила на нее руки и сказала: *"Бог! Это же мое желание! Я так хочу увидеть, как Ты открываешь глаза слепым..."* Она не отходила от той слепой женщины и долгое время со слезами продолжала провозглашать Божье слово над ней. Затем, посмотрев ей в глаза, она заметила, как зрачки этой пожилой женщины начали вращаться, словно шары. От этого пришло еще большее дерзновение и она стала благодарить Бога за чудо. Вдруг зрачки выровнялись... а далее произошло чудо: Бог открыл глаза этой женщине из Эфиопии, которая оказывается была слепой от рождения! Я даже не знаю, кто больше радовался – женщина из Германии или женщина из Эфиопии! Когда она прозрела, то первым делом стала внимательно рассматривать людей. Она впервые увидела лицо и образ человека, созданного по подобию Божьему. Ведь раньше она могла только все потрогать руками или обонять. В общем, она сначала обняла женщину из Германии, а потом человека рядом, а потом эта пожилая женщина весь вечер до конца служения ходила по стадиону и просто обнимала всех людей.

Друзья, наша обязанность возлагать руки на больных и

позволять Богу касаться через нас людей. Когда мы ходим в Нем, то через наше послушание Бог все больше и больше будет изливать и умножать помазание и никто не сможет остановить это движение Духа Святого. Я вижу, что в последние дни это будет происходить повсеместно: *"На рабов Моих и на рабынь Моих Я изолью от Духа Моего"* (Деян. 2:18).

Я никогда не забуду крусейд в одном эфиопском городе Нэкэмте. Сам факт, что мы смогли туда попасть, уже был чудом. Нам не удавалось там организовать крусейд в течение двух лет, все потому, что в том городе постоянно проходили гражданские забастовки и военные столкновения между двумя племенами. И это продолжалось более 10 лет, поэтому многие заведения, предприятия и школы долгое время оставались закрытыми. Страдали и люди, и вся инфраструктура. Несмотря на все это, Бог послал нас именно туда. Договорившись с правительством, мы арендовали огромный стадион и готовились к крусейду.

Перед самим вылетом в Африку мне позвонили и сообщили, что город закрыт в связи с перестрелками и политическими разборками между племенами; снова было введено военное положение. Команду, которая приехала туда заранее, даже не впустили в город, и им пришлось ночевать в безопасном месте в близлежащих поселениях.

На следующие сутки в Нэкэмте была введена армия миротворцев и правительство договорилось о перемирии только на время крусейда. При въезде в город нам открылась страшная картина: разруха, нищета, следы от выстрелов, везде валялись гильзы и пустые пулеметные ленты, ходили военные.

В первый день крусейда огромное поле стадиона было все заполнено людьми. Вокруг поля на деревьях и заборах тоже сидели люди. Все три дня мы видели множество исцелений и освобождений, но самое главное – люди массово принимали Иисуса Христа! Было настолько удивительно наблюдать, как на крусейде вместе собрались тысячи людей, которые относились к разным оппозиционным партиям и воюющим племенам. Это уже было большим чудом!

В последний вечер сошло настолько сильное помазание Духа Святого, что я физически ощутил, как Бог положил на мою голову Свою руку и сказал мне: *"Скажи им, Я отменяю планы дьявола и останавливаю все забастовки в городе. За то, что они позволили Моему слову прийти в их город и в жизнь этого народа, Я даю им Мою милость и посылаю мир, такой мир, которого они не видели раньше"*. Я с дерзновением провозгласил это слово во всеуслышание всего народа и представителей власти, которые тоже были там.

Я не раз переживал сильное присутствие Божье в своем теле и каждый раз это разный уровень Его славы. В такие моменты ты ничего не боишься, а потом, когда все успокаивается, ты видишь реальность и думаешь: *"Что это было? Что я наговорил?"* Так и в этот раз, вернувшись в гостиницу, я подумал: *"А вдруг этого не произойдет? Ведь забастовки запланированы начаться, как только мы уедем"*. Мне пришлось реально гнать все сомнения и довериться Духу Святому.

На следующий день мы с командой выехали из города.

По дороге нашему организатору Сэмми позвонили. Я слышал этот разговор: ему что-то кричали в трубку, Сэмми то плакал, то смеялся, то мотал головой. Закончив говорить, он повернулся ко мне и сказал: *"Андрей, ты не поверишь! Мне позвонил пастор из Нэкэмте. Там в новостях по телевидению объявили перемирие. Сегодня отменили все забастовки и восстания! Также отменено военное положение. Теперь открываются все заведения и предприятия. Такого не было более 10 лет!"* Я, конечно, верил, что это произойдет, но не ожидал, что настолько быстро придут перемены и слово от Бога исполнится уже на следующее утро!

Через какое-то время мы созвонились со служителями из Нэкэмпте и они сообщили, что их город стал мирным, более того, возобновилась работа всех школ, открылись все заведения и началось восстановление города. Слава Иисусу! Он – Всемогущий Бог, Царь над царями, Его слово живо и действенно и не возвращается тщетным, оно всегда исполняет то, для чего было послано!

Я никогда не забуду крусейд в Танзании, в городе Касулу. Как только мы прилетели туда, в аэропорту нас встретил губернатор штата. Мы провели в общении некоторое время, и он сказал: *"Касулу – проклятый город, там очень сильно господствует колдовство. Колдуны держат в страхе и контролируют все это поселение. Я не знаю, что там может произойти, поэтому мне нужно выделить вам охрану"*.

Губернатор приставил к нам личных телохранителей и выслал отряд солдат для обеспечения безопасности во время крусейда. Это было чудом, так как сам он вообще-то являлся мусульманином.

Итак, по дороге в Касулу впереди нас шла машина солдат, которые останавливали все другие машины и блокировали перекрестки, чтобы мы проехали. Позади нас ехал автобус с нашей командой и солдатами. Вместе со мной в микроавтобусе сидело восемь телохранителей с автоматами и оружием. Я бывал в разных местах, по сути, для нас не было новостью, что в Африке очень развито колдовство. Однако я быстро начал осознавать, что все не так просто и демоническое влияние в этом городе было намного серьезнее. Но в этот город нас послал Сам Бог.

Несколько дней мы благовествовали в тюрьмах, больницах, проводили семинары для местных пасторов и служителей. И все это время солдаты сопровождали нас повсюду, а также охраняли нашу гостиницу 24 часа в сутки.

В первый вечер крусейда ощущалось сильнейшее духовное давление. Проповедовать было трудно; как только я начинал говорить слово, по всему стадиону у людей начинались демонические проявления: их кидало на землю, они шипели, извивались… Нашей команде приходилось выносить таких из толпы и молиться за их освобождение позади сцены. Несмотря на все трудности и дух колдовства, который господствовал там, мы видели Божье помазание, которое двигалось по стадиону явно, прикасаясь к людям.

Я никогда не забуду, как в один из вечеров к нам привели беременную женщину, у которой были сильные бесовские проявления. Мы с осторожностью стараемся служить беременным, поэтому вначале мы стали расспрашивать ее. Однако женщина ответила: *"Нет, я не беременна ребенком"*. А потом она стала рассказывать, что каждую ночь к ней приходит сатана и физически насилует ее. Она утверждала, что беременна именно бесами и даже чувствовала, как они шевелятся внутри ее утробы. Нам было очень странно и дико слышать такое! Однако женщина утверждала, что беременна именно бесами. Мы стали молиться за ее освобождение, и на наших глазах ее большой живот начал сдуваться и в конце концов стал нормальным. Бог полностью освободил ее и исцелил.

Мы проводили служения на стадионе в течение четырех дней и каждый вечер люди освобождались, принимали Иисуса Христа как личного Спасителя и прославляли живого Бога. Вспоминая все, что там происходило, мне казалось, что это был крусейд освобождения. Мы уже столько там насмотрелись...

В один из вечеров мы всей командой со сцены молились за город и разрушали именем Иисуса все замыслы сатаны и особенно дух колдовства. Затем мы объявили людям, чтобы они принесли всё, что связывало их с колдовством: амулеты, талисманы, браслеты, книги, записки и другие всевозможные вещи, которые местные колдуны когда-либо давали им. Мы собирались все это сжечь!

В тот же вечер, когда мы вернулись в гостиницу, к нам сразу приехали епископ и местные пастора. Они стали возмущаться:

– Зачем вы это сказали? Завтра мы не идем с вами на

крусейд.

Нас очень удивил их настрой и реакция. Мы стали расспрашивать:

– Почему? Что произошло?

– Да вы до конца даже не осознаете, что завтра там будет происходить! Ведь вы уже и так очень дерзко переступили черту духовного мира. Вы понимаете, что завтра туда сойдутся все колдуны? Они явятся, чтобы сражаться. Они вас уничтожат! Мы не идем с вами!

Вот таким был их ответ. Я не сужу этих пасторов, я молюсь за них и этим лишь хочу показать, что сегодня много служителей, которые не верят в то, что проповедуют. У меня был буквально крик духа: *"Церковь, хватит позволять дьяволу уничтожать людей! В твоих устах есть власть, данная Богом, а ты боишься и ничего не делаешь. Ты имеешь власть и силу повелевать всякому нечистому духу убираться вон во имя Иисуса Христа".* Мы пытались переубедить местных пасторов в том, что Тот, Кто в нас намного сильнее того, кто в мире. Эти служителя как бы понимали наши слова, но у них был сильный страх и паника.

Я осознавал, что в атмосфере происходила невидимая война. Но ведь для этого Бог и послал нас в тот город – разрушить дела дьявола. Знаете, если бы мы просто проповедовали и говорили о Боге, то шаманов бы это не так беспокоило. Однако мы начали изгонять бесов из города, разрушать молитвы колдунов и освобождать людей, к тому же намеревались сжечь все их оккультные вещи. Колдуны поняли, что начинают терять силу и контроль в том регионе.

Естественно, после такого разговора с пасторами в нашей команде начались некие переживания: *"Может, в этот раз мы переборщили и на самом деле не осознаем всей сложности ситуации?.."* К тому же несколько ночей подряд нам трудно было спать – под окнами нашей гостиницы с 12 до 7 утра гудели и выли колдуны, совершая против нас какие-то обряды.

На следующий день перед крусейдом мы собрались всей командой и совершили хлебопреломление – разделили еще раз жизнь с Иисусом. А затем склонились перед Ним в молитве и сказали: *"Живущий под кровом Всевышнего под сенью Всемогущего покоится. Ты Господь, прибежище наше и защита наша. Поэтому ни одно оружие, направленное против нас не будет успешно. Не убоимся ужасов в ночи, стрелы, летящей днем, язвы, ходящей во мраке, заразы, опустошающей в полдень. Не приключится мне зло и язва не приблизится к жилищу моему! Не потому, что я лучше, а потому что Господь Пастырь мой, Всевышнего избрал я прибежищем своим".* И с таким настроем мы отправились проводить очередной крусейд.

Мне кажется, что в тот вечер собралось еще больше людей. Стадион был заполнен. Местные жители приносили колдовские вещи и кидали их в кучу рядом с платформой, на которой мы проповедовали, чтобы после спалить все это. Кстати, епископ все-таки решился прийти на служение.

Когда я вышел проповедовать, на поле справа от меня начался какой-то переполох и люди оттуда стали разбегаться. Посреди этой малопонятной суматохи выделилась фигура высокого мужчины с длинным посохом в руках. Он направлялся прямо к сцене и было заметно, как демонстративно он шагал, при этом со злостью бил посохом об землю, разгоняя пыль. Как потом оказалось, этот пожилой мужчина был главарем колдунов всего региона.

Итак, люди перестали слушать проповедь, они при виде колдуна в ужасе разбегались кто куда. Тогда и я перестал проповедовать и стал молча наблюдать, что же будет с нами дальше. Примерно метров за 100 до сцены этот главарь резко остановился. Нет, он порывался идти дальше, но не мог даже сделать шаг, как будто он упирался в стену. Затем колдун начал в ярости плевать, кричать и бить палкой об землю. Так продолжалось несколько минут. Он привлек к себе внимание всего стадиона: все видели, как он мечется и злится, но не может сдвинуться с места. Я верю, что в тот момент ангелы сдерживали его.

Я решил продолжить проповедь, а колдун все еще бушевал на поле. Вскоре нашим солдатам его шум порядком надоел. Они вместе с братьями из команды схватили его под руки и потянули со стадиона. Это было сильное явление Божьей власти на том месте, тот момент был переломным: я ощутил, как преграда, которая стояла над этим городом в духовном мире, рухнула как стены Иерихона.

Местные жители потоком устремились назад на стадион и как можно ближе к сцене. Мы начали молиться и в первую очередь повели людей в покаяние. Когда они повторяли молитву покаяния, по всему стадиону началось такое… Людей швыряло, трясло, выкручивало – сильнейшие манифестации у детей и взрослых. Команде приходилось массово выносить людей из толпы и служить в освобождении, это было очень радикально. Мы чувствовали помазание Духа Святого, которое разрушало всякое ярмо. Это был вечер сильнейших освобождений. Дух Святой чистил народ, приходило Царство Божье, и перед светом Его не могла устоять никакая тьма. Мы видели Божью силу и славу, славу, славу…

Я никогда не забуду крусейд в эфиопском городе Уолисо. Среди многотысячной толпы присутствовала женщина, которая была на шестом месяце беременности. До этого в течение нескольких недель она не чувствовала шевеления ребенка и обратилась к врачу. После осмотра в больнице и анализов доктор подтвердил самое страшное: плод замер и около двух недель находился в мертвом состоянии внутри ее утробы. Ей назначили срочную операцию, чтобы достать тело мертвого ребенка. В то самое время она услышала о крусейде и сказала сама в себе: *"Я должна туда попасть, потому что Бог может там сделать чудо"*. Она несколько часов шла пешком из своего города. В тот же вечер во время общей молитвы на стадион сошло сильное присутствие Божье. Она положила руку на живот и почувствовала, как огонь Духа Святого коснулся ее тела – и малыш встрепенулся и ожил – была проявлена сила воскресения. Мать начала чувствовать, как ребенок внутри снова шевелится, и радовалась каждому новому движению малыша. Она поднялась на сцену и с трепетом стала рассказывать о силе воскресения, которую Бог явил во время молитвы. Слушая ее свидетельство, я радовался вместе с ней и восхищался Богом. Вдруг вокруг меня как будто все исчезло и я стал видеть картины в духовном мире:

Первое: я увидел женщину, которая прикасается к одежде Иисуса и исцеляется. Эта женщина страдала кровотечением 12 лет, *"многое потерпела от многих врачей, истощила все, что было у ней, и не получила никакой пользы, но пришла еще в худшее состояние"* (Мар. 5:25-34). Никакие методы и способы ей не помогали – жизнь покидала ее тело. С потерей крови уходила сама жизнь, ведь жизнь – в крови.

Бог начал объяснять мне пророческие образы этой картины, открывая некую завесу времени. Я увидел, что в последнее время церковь потеряла силу и жизнь. Следующее поколение стало теряться, или замерло внутри стен, оказавшись мертвым и не имеющим жизни внутри. Многие дети верующих родителей отошли от Бога и погибают. Наркотики, блуд, аварии, болезни, разочарования, преждевременная смерть уносит жизни людей…. Дьявол атакует детей и молодое поколение, а у церкви нет силы сразиться с этим. Я увидел церковь, которая перепробовала различные человеческие методы и программы. Аллегорически, если говорить на языке духа, именно церковь ("она", невеста) представляет собой ту женщину, которая страдает кровотечением. Ей нужна была реальная сила воскресения, чтобы в тело вернулась жизнь.

Я так ясно увидел, как эта женщина пробиралась сквозь толпу, где, возможно, стояли люди, которые знали ее проблему, и возможно, она однажды обращалась к ним за помощью. Но их советы не могли ей помочь, их мнение критиковало Иисуса, их мнение приписывало Его силу веельзевулу. Женщина пришла в такое состояние, что сказала сама себе: *"Мне все равно, что скажут люди, мне нужно прикоснуться к силе Иисуса"*.

Она коснулась Его одежды, и сила вышла из Него. А ведь одежда – это продолжение сущности человека, его контакт с миром. Она прикоснулась к Его праведности, к Его сущности и могуществу и исцелилась. Иисус почувствовал в теле Своем, как сила вышла из Него, поэтому Он остановился и задал вопрос: *"Кто прикоснулся ко Мне?"*

Для Иисуса сила была настолько реальна, что Он четко мог определить, когда она вышла из Него. Мы видим множество текстов Писания, где говорится о том, чтобы мы **имели Его силу**:

*"Взыщите Господа и **силы Его**, ищите непрестанно лица Его"* (1Пар 16:11);

*"Наконец, братья мои, укрепляйтесь Господом и **могуществом силы Его**"* (Еф. 6:10);

*"Иисус сказал им (саддукеям) в ответ: этим ли приводитесь вы в заблуждение, не зная Писаний, ни **силы Божией**?"* (Марка 12:24).

Это язык духа: я вдруг увидел церковь, которая тянется, чтобы прикоснуться к Господу. Иисус не изменился, Он ждет, когда нам надоест всё человеческое и мы придем к Нему и возьмем от Него силу…

Второе: я увидел Иаира, начальника синагоги, который пал к ногам Иисуса со словами: *"Моя единственная дочь умирает сейчас. Приди, возложи на нее Свою руку,* *и она будет жива"*. Он был человеком известным во всем городе, старейшиной, начальником. По всей вероятности, Иаир много времени проводил в синагоге с фарисеями и саддукеями, которые насмехались над Иисусом, отвергали Его силу и искали, в чем Его обвинить. Фарисеи представляли собой религиозную структуру, но в религии нет силы. Наверняка, Иаир наблюдал за Иисусом, а возможно, даже насмехался над Ним вместе с фарисеями, но только до момента, пока в его семью не пришла такая беда, с которой религия не могла справиться. Ему понадобилась сила Божья, и религия больше не могла помочь. 12-летняя дочь Иаира заболела смертельной болезнью, что тоже пророчески свидетельствует о том, что происходит со следующим за нами поколением.

Бог показал мне, что наступает время, когда многие люди поймут, что их религия не имеет силы Божьей и не способна ответить на их ситуации и проблемы. Я увидел, как обстоятельства вокруг нас станут настолько стесненными, что никакая религия не будет способна это преодолеть. И тогда религиозные люди, как Иаир, перестанут поклоняться религиозной системе, отодвинут в сторону мнения и гордость, а придут к живому Иисусу и склонятся перед Ним, нуждаясь в **Его силе**.

Третья картина: я увидел, как Бог открыл небеса и проговорил: *"То, что произошло сейчас с этой женщиной и ее омертвелым ребенком, – свидетельство для тебя, что Я ныне воскрешаю следующее поколение силой Моего Духа. Это поколение замерло в утробе религиозной системы. Но Я оживотворю их силой*

Моего Духа, они переживут эту силу воскресения и оживут. Будет реальная встреча с Царем, с живым Богом и соприкосновение с силой Духа Моего". **Я увидел,** как воскресает целое поколение. Оно будет знать Бога и Его реальность, они познают сердце любящего Отца, Который сотворил для них небо и землю, Который всю Вселенную держит в Своей руке, для которого нет ничего невозможного!

Послушай, я не знаю в какой сфере дьяволу удалось принести смерть в твою жизнь, но я точно знаю, что Бог использует сейчас эти строки, чтобы коснуться именно тебя и принести силу воскресения в твою жизнь. Дух Святой животворит тебя для нового сезона в твоей жизни. *"Вы примете силу, когда сойдет на вас Дух Святой и вы станете свидетелями" (Деян. 1:8).* Я молюсь сейчас за тебя и через эту книгу пророчествую тебе, что если ты ее читаешь, то Бог сделает тебя свидетелем в Иерусалиме, Иудее, Самарии и даже до края земли!

Я верю, что через все эти живые свидетельства Бог воскрешает тебя. Возможно, прямо сейчас ты переживаешь эту силу, потому что Дух Святой сходит на тебя и животворит. Он воскрешает сейчас твои мечты, которые Богом были вложены внутрь тебя. Уже долгое время ты их не вспоминал и давно их похоронил. Бог воскрешает их все и воскрешает тебя для проповеди Евангелия по всему лицу земли. *"Ибо земля наполнится познанием славы Господа, как воды наполняют море"* (Авв. 2:14).

Прошло какое-то время, мы послали по адресу в деревню нашу команду узнать, что случилось дальше с женщиной, в утробе которой воскрес малыш. А дальше – она выносила и родила здорового ребенка, сына. Я снова услышал от Бога: *"Я воскрешаю их, рождается новое поколение от силы Духа Моего. Это Мои сыновья, Мои дочери, которые будут ходить в Моей славе и силе, и принесут небо на землю"*. Мы с вами – то поколение, которое перевернет эту землю, *люди безумны Христа ради*. Поэтому не бойся ничего, потому что Бог намного больше, чем ты способен это представить. Позволь Ему быть БОЛЬШИМ БОГОМ в твоей жизни и коснуться через тебя множество людей.

ОБ АВТОРЕ

Андрей Шаповал – пастор-евангелист, всемирно известный проповедник и основатель служения «Пламя Огня» (Flame of Fire Ministry). После своего покаяния в 2002 году он полностью посвятил себя познанию Бога, и вскоре у него произошла сверхъестественная встреча с Иисусом Христом. Это  навсегда изменило его отношение к Богу и христианству.

Андрей страстно влюблен в Бога и служит людям с отцовским сердцем, направляя человека к просвещению и исполнению Божественного предназначения. Вместе с командой служения он по всему миру проводит масштабные крусейды, евангелизации, конференции, школы, семинары, проповедуя Евангелие Царства в силе и славе Божьей. Через его служение огромное количество людей приходит ко Христу и переживает огонь Духа Святого: Бог освобождает, исцеляет, творит чудеса и восстанавливает жизни людей. Андрей со своей супругой Наташей и четырьмя детьми живут в городе Сакраменто, штат Калифорния.

КАК НАС НАЙТИ

www.facebook.com/AndreyShapovalPage
www.instagram.com/ffministry
www.youtube.com/ffministry
www.vk.com/AndreyShapovalPage

Если у вас есть свидетельство, связанное с данной книгой, пожалуйста, напишите мне об этом по электронной почте: andrey@ffministry.com

Если вы хотите узнать больше о служении Flame of Fire и стать частью этого виденья, заходите на наш сайт служения: www.ffministry.com

Приглашаем вас стать участником нашей ежегодной школы *"Территория Царства"* и погрузить себя на неделю в атмосферу Божьего присутствия. Регистрация и подробности на сайте: www.kingdomdomain.com

Если ваша организация или церковь желает пригласить Андрея Шаповала принять участие в конференции или каком-либо мероприятии, свяжитесь с нашим офисом служения. Мы обязательно рассмотрим ваше приглашение!

andrey@ffministry.com
+1(916) 472-0847
+1(916) 338-3390

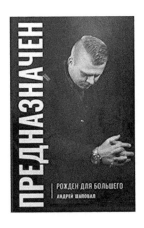

Бог заинтересован в твоем призвании даже больше, чем ты сам! Ты – дар Божий для этого поколения, внутри тебя заложен удивительный Божественный потенциал. И я верю, что ты ПРЕДНАЗНАЧЕН И РОЖДЕН ДЛЯ БОЛЬШЕГО!

Как найти себя в Боге? Кто я в Нем? Однажды эта тема увлекла меня в целое путешествие в Боге. В книге я делюсь тем, чему учил меня Дух Святой на протяжении многих лет; **это тысячи часов, проведенных в присутствии Божьем.** Поэтому книга "Предназначен" – не просто теория или информация, это откровения Духа Святого, которые радикально повлияли на мое мышление и изменили мою собственную жизнь. Я открыто описываю свои битвы, поиски, ошибки, переживания и откровения. Вы увидите духовный опыт, который Господь позволил мне пережить. Благодаря этой книге вы сможете яснее понять замысел Бога для своей жизни и увидеть практические шаги к своему предназначению, а также узнаете, какая война идет против призвания каждого человека, как понимать язык духа в своей жизни, как постоянно гореть для Бога и не перегорать и многое другое…

Предназначение – это тайна, которая открывается индивидуально каждому человеку Духом Святым, это также процесс и увлекательное путешествие с Духом Святым. **И неважно, сколько вам лет, – Бог хочет вести вас дальше**